艾贝母婴研究中心

编著

胎教故事

枕边书

四川科学技术出版社

前言 PREFACE

胎教对于胎儿的好处不言而喻。在众多的胎教方式中，讲故事是较为常用的一种。那么，故事胎教对于胎儿的成长和孕妈妈又有哪些好处呢？

1. 首先，每天花一点点的时间给胎儿讲一个小小的睡前故事，可以为自己营造良好的心境。并且在给胎儿讲故事的过程中，孕妈妈的心境会变得宁静、平和。

2. 由于孕妈妈的心境平和，这样的氛围会很容易感染胎儿，对于胎儿的健康成长，以及未来宝宝乐观性格的形成，都是很有益处的。

3. 坚持对胎儿讲故事，特别是准爸爸的声音是胎儿最喜欢的中、低频，这样能让胎儿尽快熟悉爸爸妈妈的声音，不仅能够促使胎儿积极的反应，还有益于宝宝出生后的智力和情绪稳定，能很快融入陌生的环境。

然而，很多准父母想要给胎儿讲故事的时候才发现，自己听到的、读过的故事也不少，但真到了完完全全去讲的时候，却发现很多情节都忘了，东拼西凑，讲不完整。基于这个原因，我们编写了这本《胎教故事枕边书》。

本书分为两章内容。第一章介绍了胎教的意义和生活中常见的胎教方法；第二章介绍了十月孕期母胎变化以及适宜于每个月的胎教方法。特别是针对每个月的胎教故事，我们精选了一系列有意义、美好、情节动人的中西方故事，进行了精心的编辑、整理，尽量让故事更适合胎教。

这些充满智慧、幽默和爱心的故事，承载着准父母对宝宝无私的爱和真挚的感情，能陪伴宝宝度过生命中最初的时光，为宝宝的健康成长、情商的提高发展创造良好的条件。

编 者

CONTENTS 目录

第1章

序章——
胎教是一个神奇的"魔法盒"

第2章

萌芽——
胎教故事是胎儿智慧成长的沃土 / 7

胎教故事

枕边书

PART

ONE

第 1 章

序章——

胎教是一个神奇的 "魔法盒"

一、带你重新认识一下胎教

1. 了解一下什么是胎教

什么是胎教？是人们常说的"听一听轻柔的音乐、和腹中的胎宝宝说话"？是"保持愉快心情，多看美的事物"？还是像古籍中说的"目不视恶色，耳不听淫声，口不出秽言，食不进异味"？

胎儿具有惊人的能力，为开发这一能力而施行胎儿教育，近年愈来愈引起人们的关注。胎教，一方面是胎，一方面是教，胎儿是受体，与父母外界的施教结合就是胎教。这是从表层的理解，而今天的胎教观念，是指集人类优生、优育、优教等多项理论和实践活动为一体的一门学问，包括优生、优养、优教等几个方面的内容。

胎教是临床优生学与环境优生学相结合的实际具体措施。

2. 广义胎教和狭义胎教

广义胎教

广义胎教指为了促进胎儿生理上和心理上的健康发育成长，同时确保孕产妇能够顺利地度过孕产期所采取的精神、饮食、环境、劳逸等各方面的保健措施，因为没有健康的母亲，亦不会出生强壮的胎儿。有人也将广义胎教称为"间接胎教"。

狭义胎教

狭义胎教就是在胎儿发育生长的各时间段，科学地提供视觉、听觉、触觉等方面的刺激，如光照、音乐、对话、拍打、抚摸等，使胎儿大脑神经细胞不断增殖，神经系统和各个器官的功能得到合理的开发和训练，以最大限度地发掘胎儿的智力潜能，达到提高人类素质的目的。从这个意义上讲，狭义胎教亦可称为"直接胎教"。

3. 夫妻要学习一些胎教知识

夫妻一起学习必要的孕期常识和分娩知识，通过共同学习、"同学"式交流，既能扩充自己的知识，又能遇事不乱、胸中有数，同时还能给孕妈妈提供很强的心理支持。

夫妻可以一起选择一些关于孕产知识的书刊，一起参研、讨论、探讨，必要的时候，诵读给孕妈妈听，共同理解，共同应对妊娠过程中的生理、心理现象。

很多医院和妇幼保健机构都开设了"孕妇学校"或培训中心，全面、系统地教授给育儿家庭以妊娠期和育儿的知识，陪着孕妇一起参加学习，共同实施胎教，有利于加深夫妻感情，更是有利于强化胎教效果的好事。

4. 经过胎教的宝宝有哪些变化

经过胎教后的宝宝，如果在出生后继续坚持系统的感觉教育，这些宝宝的进步也更加迅速：

❶ 表现出音乐天赋。一听见他在胎儿期听过的音乐，则表现得非常高兴，并随韵律和节奏扭动身体。

❷ 心理行为健康，情绪稳定，总是笑盈盈地，夜里能睡大觉，很少哭闹。

❸ 语言发展快，说话早，有的宝宝2~3个月就能发"u、b、m"等音，半岁时会发"爸、妈、爷、奶、姨"等音，1岁时会说2~4个字的词句。

❹ 运动能力发展优秀，宝宝抬头、翻身、坐、爬、站等动作都早，动作敏捷、协调，走路也较早。

❺ 手的精细运动能力发展良好，手抓握、拿、取、拍、打、摇、对击、捏、扣、穿、套、绘画等能力强。

❻ 学习兴趣高，喜欢听儿歌、故事，喜欢看书、看字，不少孩子还不会说话，就拿书要妈妈讲，学习汉字的能力惊人，智能得到超常发展。

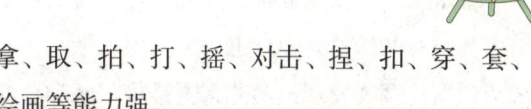

❋ 二、生活中常见的胎教有哪些 ❋

1. 音乐胎教，抚摸幸福的乐章 ······

有人做过试验，给 8 个月的胎儿听大管乐曲《彼埃尔和狼》，胎儿听后有活动。当孩子降生后，只要一听到大管乐曲就立即停止叫喊和骚动，并露出笑容来，由此看来，优美的音乐能够给胎儿留下比较深刻的印象。可以说，利用音乐直接对胎儿进行刺激，是孕中后期的一项重要工作。

音乐胎教不仅能促进胎儿的身心发育，还能培养儿童对音乐的兴趣。据听力学家米歇尔·克米莱门斯的调查发现，胎儿喜听维伐尔地和莫扎特的乐曲，这些轻松愉快的乐曲，可以解除胎儿的烦躁情绪，使胎儿的心律趋于稳定；反之，听勃拉斯姆的乐曲或摇摆乐舞曲，胎儿会躁动不安。

实验还表明，如果孕妇戴着耳机听音乐，那么胎儿的心律、动作等不发生较大的变化，但如果将耳机放在离腹 2~5 厘米的地方，则测出胎儿有明显的反应。这说明孕妇听音乐和给胎儿听音乐是两种不同的效果。给胎儿听音乐的时间不宜过长，一般每次以 5~10 分钟为宜。

2. 语言胎教，聊你想聊的一切 ······

到了孕 20 周时，胎儿的听觉功能已经完全建立。这时，母亲的说话声不但可以传递给胎儿，而且胸腔的震动对胎儿也有一定影响。因此，孕妇要特别注意自己说话的音调、语气、用词，以便给胎儿一个良好的刺激。语言胎教要求父母双方共同参与，因为准爸爸的男性低音是比较容易传到子宫内的，久而久之，也不失为一种良性的音波刺激。父母可以给胎儿起一个中性的乳名，如"果果""宁宁"等，经常呼唤之，使胎儿牢牢记住。如此，婴儿出生后哭闹时再呼之乳名，便会感到来到子宫外的崭新环境并不陌生，而有一种安全感，很快地安静下来。

3. 抚摸胎教，和宝宝的亲密接触

抚摸胎教可以在妊娠 20 周后开始，与胎动出现的时间吻合，并注意胎儿的反应类型和反应速度。如果胎儿对抚摸的刺激不高兴，就会用力挣脱或者用蹬腿来反应。这时，父母应该停止抚摸。如果胎儿受到抚摸后，过了一会儿才以轻轻蠕动做出反应，这种情况可以继续抚摸。抚摸应该从胎儿头部开始，然后沿背部到臀部至肢体，轻柔有序。每晚临睡前进行，每次抚摸以 5~10 分钟为宜。抚摸可与数胎动及语言胎教结合进行，这样既落实了围产期的保健，又使父母及胎儿的生活妙趣横生。

4. 光照胎教，促进宝宝视力发育

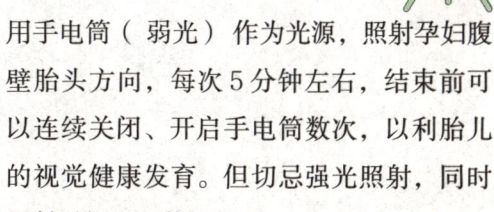

胎儿的视觉较其他感觉功能发育缓慢。孕 27 周以后，胎儿的大脑才能感知外界的视觉刺激；孕 30 周以前，胎儿还不能凝视光源，直到孕 36 周，胎儿对光照刺激才能产生应答反应。因此，从孕 24 周开始，每天定时在胎儿觉醒时用手电筒（弱光）作为光源，照射孕妇腹壁胎头方向，每次 5 分钟左右，结束前可以连续关闭、开启手电筒数次，以利胎儿的视觉健康发育。但切忌强光照射，同时照射时间也不能过长。

5. 情绪胎教，只要快乐不要忧虑

保持心情愉悦，是整个孕期随时随地需要做好的事。心情舒畅，身心放松，让自己处在松快的境界下，身体舒适，观察力敏捷，在 40 周孕期中，就可以随时随地把自己看到的、听到的、想到的东西，说给腹中的胎宝宝听，让胎儿分享妈妈的幸福安详感受。

对许多孕妈妈来说，忧虑是比较常见的一种心理状态，她们常常担心自己和胎宝宝的健康，也会因此而浮想联翩，特别是对身患疾病的孕妈妈来说，忧虑的程度更深，她们常担心胎宝宝受身体的影响或服药的影响而发育不良，尤其是患有高血压、糖尿病、心脏病等疾病的孕妈妈。其实，这种忧虑是大可不必的，孕妈妈只要积极地进行产检，并听从医嘱服药，胎宝宝就能健康发育。

胎教故事

枕边书

PART

TWO

第2章

萌芽——
胎教故事是胎儿智慧成长的沃土

一、孕一月，安营扎寨

轻轻的你来了，就像天使轻轻地扯来的那一片云，你就这样开始在妈妈的肚子里安营扎寨了。

1. 每月变化——孕妈妈陪胎儿一起成长

这段时期，比较敏感的孕妈妈会感到类似感冒一样的症状，如身体发软，低热；少数孕妈妈还会出现恶心、呕吐的早期妊娠反应。此阶段，卵巢开始分泌黄体激素，黄体激素可促进乳腺发育，孕妈妈会感到乳房稍变硬。同时乳头颜色变深并且变得很敏感，稍微地触碰就会引起痛感。不过这种情况有的孕妈妈也许感觉不到。

当卵子和精子结合后的 7～10 日，受精卵从输卵管游走到子宫，在子宫内着床，开始发育，就像种子埋入了土壤。在前 8 周时，还不成人形，还不能称为胎儿，应该称为胚胎。在怀孕第 3 周，这个小胚胎像一条透明的小鱼，长有鳃弓和尾巴，这和其他动物的胚胎发育并无两样。这时胚胎生活在一个毛茸茸的小球内，小球内充满了适宜胚胎生长的液体，胚胎像鱼一样在其中漂浮。

2. 胎教重点——梳理最适合您的胎教方法 · · · · · · · · · · · · · · ·

（1）情绪胎教：树立宁静养胎的观点

医学古籍《千金方·徐之才逐月养胎方》"一月之时，血行否涩，不为力事，寝必安静，无令恐畏"，是指孕期初月血液运行缓慢，孕妈妈不要做力所不能及的劳务，睡卧须安静，不要有恐惧害怕的心理。

（2）音乐胎教：宜轻松、有趣

音乐胎教一般分为两类：一类是让胎儿直接欣赏音乐，另一类是孕妈妈自己欣赏。此时胎儿的感觉系统还没有完成发育，这段时间的音乐胎教主要以母体欣赏为主。

（3）营养胎教：别忘了补充叶酸

叶酸是一种水溶性 B 族维生素，能有效预防新生儿神经管畸形的发生，孕妈妈对叶酸的需求比正常人高 4 倍，孕妈妈应从备孕前 3 个月就开始补叶酸，每天补充 400~800 微克叶酸，就可以满足胎宝宝生长需求和孕妈妈自身需要。

3.胎教故事——成长在爱与智慧的环境中 ·················

小蝌蚪找妈妈

天气越来越暖和了，一场雨过后，池塘里的水都涨满了。这时，池塘里有一群小蝌蚪在快活地游来游去，它们有着大大的脑袋和黑灰色的身子，还甩着长长的尾巴。

小蝌蚪们游啊游，看见了一只找不到妈妈的小鸭子在哭。这个时候鸭妈妈听见了，就游了过来，小鸭子见到妈妈游了过来破涕为笑，大声地叫着："妈妈，妈妈！"小蝌蚪见状，也游了过去，向着鸭妈妈喊道："妈妈，妈妈！"鸭妈妈说："孩子们，我不是你们的妈妈，你们的妈妈呀有着又阔又大的嘴巴。你们去那边找找看吧。"

小蝌蚪游啊游，忽然看见一条大鱼游过来，它有着又阔又大的嘴巴，小蝌蚪们想，这个一定就是妈妈了，于是急忙追上去喊道："妈妈，妈妈！"大鱼笑着说："孩子，我不是你们的妈妈，我是小鱼的妈妈。你们的妈妈呀有四条腿，你们到前面找找看吧。"

这时一只大乌龟游过来了，小蝌蚪看见大乌龟有四条腿，心想这回真的是妈妈来了，就追上去喊："妈妈！妈妈！"大乌龟笑着说："我不是你们的妈妈，我是小乌龟的妈妈。你们的妈妈头顶上有两只大眼睛，披着绿衣裳。你们到那边去找吧！"

小蝌蚪游啊游，它们游到荷花旁边，看见荷叶上蹲着一只大青蛙，披着碧绿的衣裳，露着雪白的肚皮，鼓着一对大眼睛。小蝌蚪游过去，喊着："妈妈，妈妈！"青蛙妈妈低头一看，笑着说："好孩子，我就是你们的妈妈呀！"

小蝌蚪们听了，一起摇尾巴说："真奇怪！为什么我们的样子和您不一样呢？"

青蛙妈妈笑着说："你们现在还小，过几天，你们就会长出两条后腿来，再过几天，你们又会长出两条前腿来。四条腿长齐了，脱掉了黑灰色衣服，就跟妈妈一样了，就可以跟妈妈跳到岸上去捉虫吃了。"

　　说完，青蛙妈妈扑通一声跳进水里，和它的孩子们一块儿玩去了。

胎 教 心 语

　　这个故事，一定会让孕妈妈心中充满浓浓的爱意。小蝌蚪找妈妈的过程曲折有趣，孕妈妈等待宝宝出生的过程，也是艰辛而又幸福的。

雪孩子

大雪下了一天一夜。房子上、树上和地上全是一片白色。

整整一天，兔妈妈和小白兔都没有出门，家里能吃的东西只有半根胡萝卜。兔妈妈想要出去找吃的，小白兔说："妈妈，你出门了，我一个人在家多没意思啊！"

兔妈妈拉开屋门，看着外面一片白茫茫的雪，忽然高兴地说："小白，妈妈给你堆个雪人，有了它，你就不寂寞啦！"小白兔一听，笑了起来，又跳又蹦。

兔妈妈和小白兔走到外面，七手八脚地堆起雪人来。小白兔当小助手，捧着雪传递给兔妈妈。不一会儿，一个胖鼓鼓的、漂亮的雪孩子就站在它们的面前了。可惜，雪孩子的鼻子有些不好看，小白兔取出那半根胡萝卜插了上去。这下子，雪孩子不但神采奕奕，而且还动了起来。看着可爱的雪孩子，小白兔真高兴。

兔妈妈出门了，小白兔就和雪孩子一起玩。它和雪孩子又唱又跳，玩得很开心。它们还找来雪橇，在山坡上滑起雪来。小白兔摔了几个跟头，可是它一点也不觉得痛，还大声地对雪孩子说："我们永远是好朋友。"

它还邀请雪孩子到家里玩。雪孩子笑着说："谢谢啦，我是怕热不怕冷啊。"

小白兔玩累了，就回家休息，屋子里很冷，它往火里加了一些柴，就上床睡觉了。火把旁边的柴堆也烧着了。小白兔睡得正香，一点儿也不知道。

雪孩子正在屋外，看见小白兔家的屋子冒出烟，心想是着火了，就飞快地跑了过去。它推开屋门，热气扑面而来，一下子，它觉得一点力气也没有了。可是小白兔是它的好朋友啊，它用尽自己的力气把小白兔抱出门外。

雪孩子从大火中救出了小白兔，自己却化了。雪孩子哪里去了呢？它飞到了空中，成了一朵白云，一朵很美很美的白云。

胎 教 心 语

　　这是一个感人的故事，我们看到了一个无私奉献的雪孩子，一个充满了爱的世界。一颗充满爱的心，就像雪一样纯净。孕妈妈对腹内的胎宝宝也充满爱意，那就大声说出来，也许声音对胎宝宝来说，微弱得像聆听落雪的声音。但这份爱，却漫无边际。

小不点红杉树

一棵红杉树的种子对妈妈说："妈妈，我已经成熟了，让风伯伯带我到远方去扎根吧。"

"不，孩子，你离开妈妈的照顾，离开周围叔叔伯伯们的保护，是长不好的，还是留在我身边吧。"但是这颗种子的兄弟姐妹都随风伯伯到远处的开阔地扎根落土了。

春天到了，这颗种子从泥土里钻出来，看看妈妈高大的身躯，再看周围叔叔伯伯们巨大的枝干，油然而生一种安全感。大风刮来，呼呼作响，有叔叔伯伯们的包围，小红杉树安然无恙；暴雨如注，有妈妈做伞，小红杉树如在温室。小红杉树心想，幸亏我没随风伯伯到远处去落土，不然我该怎样抵挡风雨啊！

可是，当小红杉树要吸吮土壤中养分的时候，营养已被叔叔伯伯们吸走；它要迎接阳光雨露的时候，却被妈妈的高大身躯遮住。这样，一年又一年地过去了，小红杉树还是那么小，它成了长不大的小不点啦。当它听风伯伯说，那些在远方扎根的兄弟姐妹，都长成参天大树的时候，深有感触地说："整天躺在妈妈的怀里，是长不大的。"

胎 教 心 语

由于妈妈的过度保护，故事里的小红杉树成了一棵长不大的小树，这是多么遗憾的事情啊。当孩子渐渐长大，妈妈就不得不学着去给他自由发展的空间。所以，珍惜宝宝还在肚子里的时光吧。

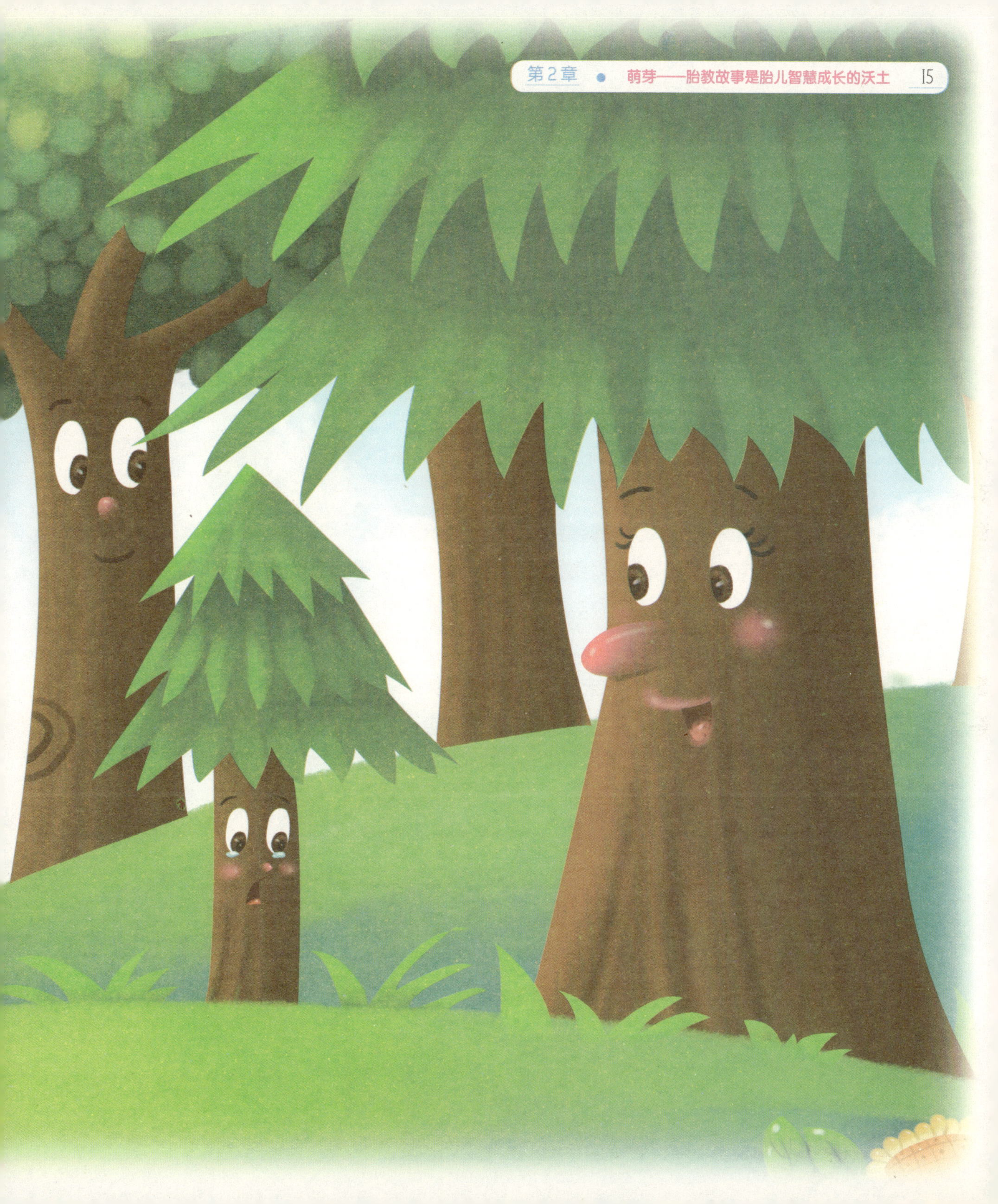

小蛋壳的故事

"噼噼啪！"小蛋壳裂开了，小鸡宝宝钻出温暖的蛋壳，来到了另一个世界。不一会儿，刮风了，鸡妈妈张开大翅膀，鸡宝宝赶快钻进去。鸡妈妈的翅膀下也好暖和啊，这里是小鸡的新家。

小蛋壳有点孤单。"现在我不是鸡宝宝的家了。对了，我再去找一个小宝宝，做它的家。"它咕噜咕噜滚走了。

一只蜜蜂在采花粉。"蜜蜂宝宝，我做你的新家吧！" "谢谢你，小蛋壳。我不是蜜蜂宝宝，我是蜜蜂阿姨。我的家在大树上，那个圆圆的蜂巢就是我的家。"

一只蚂蚁在拖虫子。"蚂蚁宝宝，我做你的新家吧！" "谢谢你，小蛋壳。我不是蚂蚁宝宝，我是蚂蚁姐姐。我的家在田埂上，那个小小的泥洞就是我的家。"

一只小青蛙在唱歌。"青蛙宝宝，我做你的新家吧！" "谢谢你，小蛋壳。我不是青蛙宝宝，我是青蛙哥哥。我的家在前面的小池塘里。"

一只小蜗牛在散步。"蜗牛宝宝，我做你的新家吧！" "谢谢你，小蛋壳。我有家呀，你看我的家在背上呢。"

谁也不要它，小蛋壳有点难过。一只金龟子路过这里。"太好啦，我的宝宝正缺个摇篮，这只蛋壳做摇篮刚刚好！"金龟子衔来一片花瓣铺在小蛋壳里面。多舒服呀！

"快快睡，小宝贝。"金龟子向睡在蛋壳摇篮里的小宝宝唱起了歌。小蛋壳听着听着，也睡着啦。

胎 教 心 语

　　这是一个温馨有爱的故事，小蛋壳最终找到了合适的归宿，在金龟子妈妈的歌声中甜甜地睡去了。对任何人来说，家是甜蜜的港湾，无论工作多么劳累，回到家里，家人的关爱都会让人消除疲劳感。孕妈妈在讲这个故事时，不妨告诉胎宝宝，爸爸妈妈为了他，正在经营这样一个甜蜜的港湾。

想做好事的风娃娃

风娃娃长大了，它觉得自己应该离开妈妈，去见识一下世界。风妈妈说："到田野上去吧！到那里，你可以帮助人们做许多好事。"于是，风娃娃来到田野上，看见一个大风车正在慢慢转动，风车下边，一股潺潺细水断断续续地流着。

风娃娃深深吸了一口气，鼓起腮，使劲向风车吹去。哈哈，风车转得更快了！风车下的水立刻向田里流去。秧苗儿挺起了腰，点着头笑，风娃娃高兴极了。

河边，许多船工正拉着一艘船前进。船工们弯着腰，流着汗，喊着号子，可是，船却走得慢极了。风娃娃看见急忙赶过去，用更大的力气对着船帆吹起来。船在水面上飞快地跑起来，船工们笑了，一个个都回过头来，向风娃娃表示感谢。

风娃娃想：帮助人们做好事，真容易，有力气就行。它这么想着，不知不觉来到一个村子里。那里，几个孩子正在放风筝。风娃娃看见了，赶紧过去帮着吹。它像吹风车那样用力，像吹船帆那样使劲。结果，风筝线被吹断了，几只风筝都让它扯得粉碎，飞得无影无踪了。

就这样，风娃娃吹跑了人们晾的衣服，折断了路边新栽的小树……村子里一片责骂声，都说风娃娃太可恶！风娃娃不敢再去帮助人们做事了，它在天上转着、想着，想来想去，终于明白了：做好事，不但要有好的愿望，还得有合适的方法。

胎 教 心 语

　　故事中，风娃娃最终想明白了：做好事，不但要有好的愿望，还得有合适的方法。胎宝宝从中明白了什么道理呢，日后我们应该怎样避免"好心做坏事"的情况发生呢？孕妈妈讲完故事和胎宝宝分享一下体会吧。

初次离开妈妈的小黄鹂

一只小黄鹂第一次离开妈妈，自己外出捕虫了。

小黄鹂飞了一天，疲倦地回到家里，妈妈问它都看到和听到了些什么。

小黄鹂说："除了虫子，我什么也没看到。"

妈妈失望了，说："我们不是光为了虫子而生活的。"

第二天，外出捕虫的小黄鹂又疲倦地飞回来了。

妈妈又问它看到和听到了些什么。

小黄鹂说："我看到一只老白头翁真可怜，它老得已经不能捕虫了，我把捕到的虫子送给它了。"

"我还看到一只小百灵鸟，它的歌声真好听，我听了半天。我想，也许将来我会唱得比它更好听。"

妈妈高兴极了，它说："你开始懂得怎样生活了！"

胎 教 心 语

　　生活并不只是为了活着，而应该看到丰富广阔的天地，有梦想，有爱心，可以做许许多多自己喜欢的事情。孕妈妈在怀孕之后，不要"宅"在家里，而应多出去看看大自然，去风景好的地方晒晒太阳，有条件也有兴趣的孕妈妈可以去听听有益身心的讲座、看看画展等。你在孕期经历的一切，都会在无形中对胎宝宝产生影响，这样可以让胎宝宝感受到更多生活的美妙。

善良的小松鼠

森林里要举行音乐会，小松鼠也要参加，可是爱美的它却被难住了，不知道怎么打扮自己才好，裙子换了好多条都不是很满意。这个时候，它想，要是用草编个小帽子戴在头上一定很好看。

想到这，它来到草地上，刚要采些小草，就听到小草在哭："别采我，别采我，我会疼的！"小松鼠听到这个就没采，往旁边一看，好多漂亮的小花，小松鼠想，在头上戴些小花也很好看，刚要伸手去摘，就听着小花大喊："别摘我，别摘我，我会疼的！"小松鼠也没忍心去摘小花。

两只萤火虫正好飞到这里，看到了这一幕，心想：小草和小花是我们平时的玩伴，小松鼠没有摘它们，我们也要帮助它，就悄悄地跟在小松鼠的身后。夜幕降临了，音乐会开始了，第一个演唱的就是小松鼠，满天的星星都出来了，小松鼠唱的歌非常好听，而且今天的小松鼠也是最漂亮的，因为，它的两只耳朵上闪着两颗漂亮的星星，大家都没看出来，那是两只萤火虫在它耳朵上呢。

胎　教　心　语

小松鼠的故事告诉我们：对别人付出爱心，自己也会获得别人的帮助与爱的。孕妈妈要培养自己的爱心，让自己处于爱的氛围中，从而以轻松愉悦的心情来对待宝宝的胎教。

渔夫和金鱼的故事

　　从前，有个老头和老太婆住在海边的一所破旧的泥棚里，两个人靠打鱼为生。一次下海，老头连下了三次网才网了一条鱼。没想到这是一条会说话的鱼，它说道："老爷爷，把我放回大海吧，您要什么我都可以送给你。"好心的老头把金鱼放回了大海。

　　回到家，他告诉了老太婆这件奇事，她生气道："你真是个老糊涂！哪怕要只木盆也好。"老头来到海边呼唤金鱼，金鱼游过来问道："你要什么呀，老爷爷？"老头说出了老太婆的愿望。金鱼答应了他，老头回到家里，果然有了一只新木盆。

　　老太婆却喊道："木盆能值几个钱？向它要座木房子。"像上次一样，金鱼满足了他们。当老头走向自己的家，眼前是一座漂亮的木房。可老太婆还不满足，她接二连三地让丈夫去向金鱼索求："我不愿再做低贱的庄稼婆，我要做世袭的贵妇人。""我不愿再做贵妇人，我要做自由自在的女皇。"

　　在金鱼的帮助下，这些愿望一一实现了，老太婆却变得更加贪婪，"我要做海上的女霸王，叫金鱼来侍候我。"老头唤来金鱼问道："行行好吧，她已经不愿再做女皇了，她要做海上的女霸王。"

　　金鱼一句话也不说，只是尾巴在水里一划，游到深深的大海里去了。老头儿在海边久久地等待回答，可是没有等到。他只得回去见老太婆，一看：他前面依旧是那间破泥棚，她的老太婆坐在门槛上，她面前还是原来的那只破木盆。

胎 教 心 语

　　故事里的老太婆虽然拥有了很多，可实际上她并不快乐，因为她的梦想太大，整个世界都容纳不下了。孕期里，孕妈妈要做个知足常乐的人。知识的海洋是无限大的，孕妈妈可以多看看书，丰富自己的阅历，做个精神上的富有者。

狮子和老鼠

　　从前，在一片一望无际的大草原上，住着一只狮子和一只老鼠。有一天，老鼠外出觅食，一不小心中了机关，被关进了捕鼠器。老鼠太害怕了，急得吱吱乱叫，一点办法都没有，恰好此时狮子经过，狮子不费吹灰之力就把老鼠救出来了。老鼠很感激，对狮子说："谢谢你救了我，我一定会报答你的。"狮子感到很好笑，摸着老鼠的头笑笑说："好了，你那么小，能帮我什么啊？"但老鼠仍然坚持："我一定能帮到你的。"说完就走了。

　　事情就这样过去了。有一天，狮子不小心也中了机关，掉进了猎人的捕兽网中，无论如何挣扎，又蹦又跳，大吼大叫都无济于事，正当狮子绝望地停止挣扎的时候，老鼠赶来了，它听到了狮子的吼叫声。老鼠安慰狮子说："别着急，我来帮你了。"狮子沮丧地说："你这么小，怎么帮我啊？"老鼠二话不说，就用牙齿开始咬捕兽网，不一会儿就把捕兽网咬开一个大口子，把狮子解救了出来。狮子高兴地握着老鼠的手说："谢谢你，是你救了我。"紧接着，它又不好意思地说："对不起，我不该小看你，请原谅我。"说完，狮子和老鼠都笑了。

胎 教 心 语

　　孕妈妈要像老鼠一样自信，相信自己的胎教一定有益于胎宝宝，这样才能把胎教坚持下去。另外，不要像狮子小看老鼠那样，别小看准爸爸的作用，准爸爸也是胎教的主力军，胎宝宝喜欢听准爸爸的声音，要让准爸爸也积极参与到胎教中来。

端午节的来历

　　每年的五月初五端午节，各地都有吃粽子、赛龙舟、喝雄黄酒等风俗。据说，端午节是为了纪念我国古代著名爱国诗人屈原。

　　屈原是战国时楚国的诗人，还是一个关注人民疾苦的官员。在他的辅佐下，楚国强盛起来，人民的生活也得到了改善，百姓对他十分爱戴。但是，朝中的权贵却不停地在楚王面前说他的坏话。楚王听信了谗言，逐渐疏远了屈原，最后把他流放到南方去了。

　　流放期间，屈原写了很多爱国诗歌，被人们广泛传颂。后来，秦国派兵攻打楚国，占领了楚国首都。屈原眼看自己的祖国被侵略，心如刀割，五月初五这一天，在写下了绝笔作《怀沙》之后，抱石投汨罗江身死。

　　楚国百姓知道屈原投江后，他们涌到屈原投江的地方想去救他。人们呼唤着他的名字，驾着小船沿江打捞。可捞了很长时间，还是没有捞到。悲痛之下，他们把船上的饭团、鸡蛋等食物投到水里祭奠他，也祈祷江里的水族吃了这些东西后，不再伤害屈原的尸体。

　　后来有人梦见了屈原，发现他十分消瘦。人们知道后都纷纷议论，很奇怪：我们往江里投了那么多食物，屈大人怎么还那样消瘦呢？一个渔夫告诉大家："你们祭祀的东西，都被江中的蛟龙偷去了，以后可用艾叶包住，将五色丝线捆好，蛟龙最怕这两样东西。"人们管这种食物叫"粽子"。从此，每年五月初五祭奠屈原时，人们都往江中投粽子。这一天也逐渐成了我国的传统节日——端午节。

　　流传到今天，人们已不再往江里投粽子了，但有一些活动依然保留了下来，逐渐演变成端午节吃粽子和赛龙舟等习俗。

胎 教 心 语

　　中华历史源远流长，每个时代总会烙上相应时代的印迹。但岁月却磨灭不去根植于中国传统文化中的民族精神——浓浓的爱国、爱家情怀。在民众的眼里，屈原就是心系国家、与祖国同呼吸共命运的典范。而人们总是习惯把祖国比作母亲，想必怀着小宝宝的妈妈，内心也一定充满自豪——我是一个母亲。

二、孕二月，开始萌芽

当梦想就像夜晚能看见的星光，我能感觉到你在妈妈肚子里萌芽，托风声轻轻问候一句：宝贝，我爱你。

1. 每月变化——孕妈妈陪胎儿一起成长 ·················

　　孕妈妈月经停止。如果再有阴道出血，哪怕是极少量的，也要及时去医院检查。子宫增大到如鹅蛋般大小，阴道分泌物增多，乳房增大明显，乳头变得更为敏感。多数孕妈妈开始出现恶心、呕吐、食欲不振等妊娠反应，但有的孕妈妈几乎没有任何反应。由于激素的作用以及增大的子宫压迫膀胱，孕妈妈的小便次数开始增加。应该注意的是，不要强忍小便，这可能会造成细菌感染。

　　胎儿的心、胃、肠、肝等内脏及脑部器官开始分化。手、足、口、耳等器官已形成，小尾巴逐渐消失，可以说已是越来越像人了，但仍是头大身小，眼睛就像两个黑点分别位于头的两侧。因为胎儿所需的营养越来越多，绒毛膜更发达，胎盘形成，脐带出现，母体与胎儿的联系更加密切。

2. 胎教重点——梳理最适合您的胎教方法 ·················

（1）营养胎教：孕妈妈开始爱吃酸性食物

很多新鲜的瓜果含酸味，这一类食物含有丰富的维生素C，而维生素C可以增强母体的抵抗力，促进胎儿正常生长发育。因此喜吃酸味食物的怀孕女性最好选用一些带酸味的新鲜瓜果，如西红柿、青苹果、橘子、草莓、葡萄、酸枣、话梅等，也可在食物中放少量的醋、西红柿酱，增加一些酸味。

（2）情绪胎教：有快乐妈妈才有快乐宝宝

这段时间，开始出现了妊娠反应。即使这样，孕妈妈也要保持心情愉快，自学一些保健知识，以充分认识早孕反应，解除心理负担。丈夫的体贴，亲属、医务人员的关心能解除孕妈妈的思想顾虑，增强孕妈妈战胜孕期不适的信心。还可以多读自己爱读的书，做自己喜欢的事。

（3）音乐胎教：宜选舒缓、促进食欲的音乐

由于妊娠第2个月时，大多数孕妈妈会由于孕吐的不适感造成食欲不振，情绪不佳，建议最好选择一些旋律欢快流畅，充满生机、活力，氛围喜庆活泼的乐曲，使自己受到热情舒畅的音乐感染，减少因为早孕反应引起的食欲不振。

（4）行为胎教：一种无声的语言

部分孕妈妈要注意自己的行为修养，不要开口就脏话连篇，动辄与人口角，在同事、邻里之间散布流言，挑拨离间，斤斤计较，这些表现，都不能给胎儿带来什么好的影响。

3. 胎教故事——成长在爱与智慧的环境中

揠苗助长

从前有个农民，性子特别急，什么都嫌慢。这年春天，他儿子在田地里插了些水稻秧苗，他就每天围着这块田地转悠，隔一会儿就蹲下，用手量量秧苗长高了没有。秧苗自然不会长那么快，每次量完，他就会更加着急。

这个农民就想：有什么办法能让秧苗长得快一些呢？他边转悠边想，最后，他终于想出了一个办法，就是把秧苗拔高一点。说干就干，他蹲下身子一棵一棵地拔高秧苗，看着被拔高的秧苗，他越干越有劲，一口气就把整块田里的秧苗都拔高了一截。他高兴地站起来，发现腿都已经麻了，不过看着"长高"的秧苗，觉得再累也值得。

他拖着发麻的腿回到家，一进门就跟儿子嚷嚷："我今天可干了件大事，累死我了。"儿子诧异地问："爹，你干什么大事了？"他非常得意地回答说："我帮田里的秧苗都长高一大截，不信你去看看。"儿子很纳闷，拔腿就往田里跑去。到田里一看，秧苗有的已经枯死，有的已经蔫了，这整片的水稻将颗粒无收。

胎 教 心 语

凡事都有其内在的发展规律，不可操之过急。胎教也是一样，是一个长期的"工程"，不可过于急躁。

孔融让梨

　　孔融是东汉时期的大文学家，他小时候聪明好学，才思敏捷，巧言妙答，能背诵许多诗赋，并且懂得礼节，大家都夸他是奇童。虽然家里还有五个哥哥一个弟弟，但是父母亲却非常偏爱他。

　　孔融四岁那年，在祖父六十大寿时，家里宾客盈门。桌子上有一盘酥梨，母亲从里面挑出了一个最大、最好的梨给孔融，没想到孔融摆摆手，不拿大梨，不拿好梨，却挑了一个最小的梨。

　　孔融的父亲看见了，心里很高兴，就故意问孔融："这么多的梨，又让你先拿，你为什么不拿大的，只拿一个最小的呢？"

　　孔融回答说："我年纪小，应该拿个最小的，大的留给哥哥吃。"

　　父亲又问他："你还有个弟弟，弟弟不是比你还要小吗？"

　　孔融说："我比弟弟大，我是哥哥，我应该把大的留给弟弟吃。"

　　他父亲听了，哈哈大笑："好孩子，好孩子，真是一个好孩子。"

　　孔融四岁，知道让梨。上让哥哥，下让弟弟。大家都很称赞他。

胎 教 心 语

　　孔融让梨的故事打动了一代又一代人，但从孔融父亲"高兴"和"哈哈大笑"的表现，可以推想，孔融的谦让品格一定源于父母的教导。宝宝的品行如何，父母的教导是关键，准父母在日常一举一动中也要尊老爱幼，给胎宝宝树立良好的榜样。

小猴子盖房子

　　小猴子没有房子，一到下雨就挨淋，它决定要给自己盖一座大房子。房子要盖得高高的，还要装上大大的门窗。它还决定，明天就动工。

　　第二天，小猴子早早就起来了，又是搬木头，又是折芭蕉叶子，它在准备盖房子的材料。可是干了没一会儿，小猴子就感觉累了，躺下休息了。小猴子躺在树干上看着天空，心想："天气这么好，还是先玩一会儿吧，房子等明天再盖。"这一天就在小猴子的玩耍中过去了。

　　又一个第二天来了，小猴子拿着房子的图样请小松鼠欣赏，小松鼠说："这个房子好大、好漂亮呀！什么时候才能盖好呢？"小猴子说："快，很快，明天就能盖好了。对了，我要请好朋友明天都来我的新房子里玩。现在就去请。"

　　小猴子蹦蹦跳跳地走了。它请了大象、小白兔、小刺猬、青蛙、啄木鸟，就这样这一天又在小猴子请客声中过去了。

　　小猴子请好朋友来新房子玩的时间到了，好朋友们都来了，可是左瞧右看，不见新房子，大家赶忙问它新房子在哪里，小猴子说："我的新房子明天才能盖好呢，你们明天再来吧。"

　　正说着，突然下起雨来了，大家各回各家，只有小猴子留在雨里，又被淋成了落汤鸡。

　　不知道这场雨有没有把小猴子浇醒，让它把这个"等明天"的习惯纠正一下呢？

胎 教 心 语

　　准爸爸如果做了胎教计划，就要天天照着计划进行，不要只做计划，不执行，永远等明天，那样胎教的效果就会像小猴子的房子似的永远见不着。

钓蝴蝶

　　一天，天气特别好，小兔子出去找小熊玩，它来到了田野里，只见小熊正在摘花籽，便问："你在干什么呢？""我要钓蝴蝶，我正在做准备工作呢！"小熊一边摘一边回答。"什么？钓蝴蝶？"小兔子以为小熊在开玩笑呢，就没在意。

　　不久，小兔子见小熊在家门前挖了很多坑，便问："你在忙什么呢？""我要钓蝴蝶！明年春天，我要钓很多很多蝴蝶。"小熊说。"蝴蝶怎么能钓到？吹牛吧！"小兔子摇摇头，走了。

　　春天来了，这天小熊来找小兔子："快去我家吧，我钓了好多好多蝴蝶！"小兔子忙赶去一看，啊，小熊家像个大花园，真的有很多蝴蝶。

　　"啊，原来你是这样钓蝴蝶的呀？知道蝴蝶喜欢花，就用花来钓蝴蝶，呵呵！太聪明了！"小兔子高兴地学着蝴蝶的样子，挥动着两只胳膊，在花丛中跑来跑去。

　　后来，小兔子也学着小熊，收集了很多花籽，它自己也想钓蝴蝶了。

　　第二年春天，小兔子也钓到了很多蝴蝶，在小兔子家门前成群的蝴蝶飞舞着，很是美！小兔子高兴地笑了。

胎 教 心 语

花朵盛开不仅会吸引蝴蝶飞来，还能让人心情格外好。如果家里养了花，准爸爸可别忘了给它们浇水施肥啊，只有精心侍弄，才能将美丽绽放给孕妈妈看。

聪明的女人

有一天，在路上，一个漂亮的女人走在前面，她的身后紧紧跟着一个陌生人，终于，这个女人回过头来问他："这位陌生先生，你为什么一直跟着我？"

"我爱上了你，你真是一位绝代佳人啊！"

女人微微一笑，说："我的妹妹就跟在我后面走呢。她的眼睛黑得像黑夜里的天空，皮肤比雪莲花还要白，她比我可要美不止十倍呢！"

这个男人高兴极了，转身就往后跑，跑来跑去，只看见一个老态龙钟的老太婆在路上慢腾腾地走着。

这个男人表情惊讶，转回身去追那个年轻貌美的女人，追上她就问："你为什么骗我？"

这个女人反驳道："我没有骗你，倒是你骗了我。素不相识的人啊，你若是真心爱我，就不会跑来跑去了！"

这个陌生男人听到这话后羞愧难当，只得一溜烟地跑了。

胎 教 心 语

故事中的男人因为这山望着那山高，最后竹篮打水一场空。其实真正的爱是不离不弃，不管在任何时候，都觉得对方是最美的。准爸爸在讲故事的时候，不妨提醒下自己，要经常对孕妈妈表达自己的爱意，不要因为孕妈妈怀孕后脾气变得古怪，体型变得臃肿而觉得难以接受。准爸爸要学会发现孕妈妈的美，多赞扬孕妈妈，帮助她度过漫长的孕期。

小蜗牛的忧愁

有一天，一只小蜗牛慢慢地爬着，脸上充满着忧愁，小蜗牛自言自语道："直到现在，我都没有注意到，我背上的壳里面装满了挥之不去的忧愁，这个忧愁怎么处理好呢？"

于是，这只小蜗牛去找它的蜗牛朋友。

小蜗牛跟朋友说："我已经活不下去了。"

朋友问他："你怎么啦？"

"我是多么的不幸啊！我背上的壳里面装满了忧愁。"小蜗牛说道。

然后，朋友说话了："不只是你，我的背上也装满了忧愁啊。"

小蜗牛心想，真没办法，只好再去找别的蜗牛倾诉一下啦。

可是，其他的蜗牛朋友也对它说："不只是你，我的背上也装满了忧愁。"于是小蜗牛又到别的朋友那里去。

就这样，它一个又一个地寻访朋友，但是，不管是哪个朋友，都说一样的话。

最后，小蜗牛注意到了："不只是自己，其实每个人都有忧愁。所以我们必须想办法来化解自己的忧愁才行，这样才能使自己快乐起来。"

胎教心语

这个故事蕴含着一个简单的道理，必须要自己调整心态来化解忧愁。在胎教过程中，准父母难免会遇到很多烦心事，无论什么时候，都要学会轻松化解。

拔萝卜

老公公种了一个萝卜，他每天都对萝卜说："萝卜啊，长吧，长吧，长得甜甜的，长得大大的！"在他的精心照料下，萝卜的叶子都有一人高了。

眼看萝卜越长越大，老公公就去拔萝卜。他拉住萝卜的叶子一拔，可是拔不动。老公公连忙喊："老婆子，快来帮我拔萝卜！""来了，来了。"

老婆婆拉着老公公，老公公拉着萝卜叶子，两人一起拔萝卜。地里的萝卜只是晃了晃，还是拔不动。老婆婆回头喊："小姑娘，小姑娘，快来帮爷爷奶奶拔萝卜！""来了，来了，我来了。"

小姑娘拉着老婆婆，老婆婆拉着老公公，老公公拉着萝卜叶子，三人一起拔萝卜。好像还是差了那么一点点，萝卜还是拔不动。小姑娘喊："小花狗，小花狗，快来帮我们拔萝卜！""汪汪汪！来了，来了。"

小花狗拉着小姑娘，小姑娘拉着老婆婆，老婆婆拉着老公公，老公公拉着萝卜叶子，大家一起拔萝卜。咳，真是奇怪了，萝卜还是拔不动。小花狗叫起来："小花猫，小花猫，快来一起拔萝卜！""喵喵喵！来了，来了。"

小花猫拉着小花狗，小花狗拉着小姑娘，小姑娘拉着老婆婆，老婆婆拉着老公公，老公公拉着萝卜叶子，大家一起拔萝卜。这该是一个多么大的萝卜啊，还是拔不动。小花猫喊："小老鼠，小老鼠，快来帮我们拔萝卜！""吱吱吱！来了，来了。"

小老鼠拉着小花猫，小花猫拉着小花狗，小花狗拉着小姑娘，小姑娘拉着老婆婆，老婆婆拉着老公公，老公公拉着萝卜叶子，大家一起拔萝卜。大家拔呀拔，大萝卜有点动了，再用力地拔呀拔，大萝卜终于被拔出来啦！

他们高高兴兴地把这个大大的、甜甜的萝卜抬回家去了。

胎教心语

　　故事里的人物像是一个大家庭。家庭中的每个成员的力量也许是不一样的，但是每一个人的力量汇聚在一起，就有了强大的力量，就会收获那个大萝卜。

盲人摸象

有一天，六个盲人坐在树下乘凉。有个赶象的人走过来，大声喊道："象来了，大家小心了，让开点！"几个盲人不但没有让开，反而往前凑了凑，其中一个盲人还说："象是什么样子的呢？我们盲人的手这么灵敏，我们来摸一摸好吗？"另外五个盲人齐声说："好，摸一摸就知道了。"他们向赶象的人说了他们的想法。赶象的人同意了，把象拴在树上，让他们摸一摸。

第一个盲人摸到了大象的鼻子："哇，大象又粗又长，像一根管子。"

第二个盲人摸着大象的牙，说道："不对不对，大象和又圆又滑的棍子一样。"

第三个盲人摸到了大象的耳朵，于是惊呼道："哇，好像一把大扇子。"

第四个盲人个子矮小，他抱到了大象的腿："这么粗，就像一根柱子。"

第五个盲人摸到了大象的身子："你们都胡说八道，大象厚厚实实的，整个就像一堵墙。"

第六个盲人站在大象的后面摸到了大象的尾巴，大声叫起来："你们说的都不对，大象和粗绳子一模一样。"

六个盲人你争我辩，都认为自己说得对，谁也不服谁。这时，赶象的人对他们说："你们都没有说对。一定要摸遍了象的全身，才能知道象是什么样子的。你们每个人只摸了象的一部分，就下结论，这怎么能说得对呢？"

胎 教 心 语

　　这个故事告诉我们，不能像盲人摸象那样，只见树木不见森林。看事情要全面，要看到整体。坚信自己和坚持自己的观点很重要，但学会倾听，善于听取别人的意见会把事情了解得更全面和准确。此外，这个故事也告诉我们，要学会和同伴合作，互相分享经验。

三个小伙伴吃果子

　　小刺猬、小松鼠和小白兔是好朋友，它们经常一起在草地上玩，它们一会儿玩捉迷藏，一会儿玩丢手绢。这会儿，它们正在玩翻跟头呢，小刺猬"倒竖蜻蜓"，竖了好长时间，小松鼠、小白兔齐声叫好。小刺猬翻过身来，碰了小松鼠一下，小松鼠叫起来："哇，好痛呀！"

　　小松鼠被小刺猬刺得哭了起来。小白兔赶紧走过来，它也碰到了小刺猬，也被它身上的刺扎得哭了起来。它俩边哭边说："小刺猬真坏，用刺扎我们，不和你玩了。"

　　小刺猬不好意思地说："我不是故意要扎你们的呀！"

　　小松鼠和小白兔不理睬小刺猬。小刺猬难过极了，赶紧往家里跑去。一会儿，它又回来了，欢欢喜喜地对小伙伴们说："我背来了糖葫芦，向你们赔礼道歉啦！"

　　小松鼠、小白兔看到小刺猬的刺上扎满了红红的果子，抹干了眼泪，伸手摘下果子，你一颗我一颗地吃了起来。小白兔说："小刺猬真的不是故意刺我们，可别怪它啦！"小松鼠说："对，我们一起玩吧？"小刺猬说："吃完果子再玩！"

　　果子真好吃呀，小松鼠从小刺猬背上摘下一颗最大的果子，塞到小刺猬嘴巴里，小刺猬说："真甜！"它们一会儿就把果子吃光了。三个小伙伴又在绿茵茵的草地上玩了起来，欢声笑语在空中荡漾……

胎 教 心 语

　　怀孕以后，孕妈妈的心会变得更为柔软，开始变得喜欢小孩、小动物。这个故事中，三个可爱的小动物像三个可爱又懂事的孩子。讲故事的时候，孕妈妈可以和准爸爸进行角色扮演，将小动物们的对话情景生动地演绎出来。

胎 教 心 语

　　作为一个女子，花木兰因为从军而被人们看作了英雄。英雄不是轻描淡写就出现的，十年的光阴，花木兰像男儿一样英勇，成就了她的英雄之路。其实，每个妈妈都是英雄，十月怀胎的过程，是妈妈的不平凡之路——她孕育了一个可爱的生命。

木兰替父从军

我国南北朝时有一位女英雄，名叫花木兰。那时，北方经常发生战争，朝廷不断下达紧急征兵的文书。

一天，花木兰走在大街上，见许多人围在一张布告前议论纷纷。木兰挤进去一看，原来是一份征兵打仗的名单，父亲的名字赫然在列，她不由得焦急万分。

回到家里，木兰坐在织布机前，愁眉不展：父亲年老多病，怎么能够去从军打仗呢？弟弟又小，还不到当兵的年龄。可是朝廷颁发的征兵令，谁又能违抗呢？

母亲在外屋听到木兰的一声声叹息，撩开门帘问道："兰儿，你今天怎么啦？"木兰就把在街上看见的事讲了一遍。望着母亲忧愁的面容，木兰打定主意说："娘，就让我扮作男儿，替爹爹去当兵吧！"母亲知道木兰的脾气，只好和她爹商量。两位老人无可奈何，含泪答应了。

几天后，女扮男装的木兰依依不舍地告别了亲人，披上战袍，跨上骏马，跟着队伍出征了。她渡黄河，过燕山，千里迢迢来到了前线。在征战中，她像男儿一样英勇，立下了赫赫战功。一晃十个年头过去了，朝廷召见她，要封她做大官。木兰却说："我不要做官。请求您让我回故乡去吧！"

木兰回到了家乡，她日思夜想的爹娘相互搀扶着，颤巍巍地迎上前来；已经长成壮小伙子的弟弟，忙着杀猪宰羊。木兰脱下战袍，换上了心爱的女装，对着镜子梳理好秀发，然后出门去看望乡亲。

将士们前来探望她，这才惊讶地发现，昔日威风凛凛的木兰将军，竟然是一个文静俊美的姑娘。

三、孕三月，人模人样

似乎能看见你的模样，在我隐约的梦里，你戴着闪光的洁白光环，眯着眼睛，一点一点地出现……

1. 每月变化——孕妈妈陪胎儿一起成长 ··················

妊娠反应在本月越发强烈，大部分孕妈妈恶心、呕吐的症状达到最高潮。由于体内激素的变化，孕妈妈的感情起伏更加强烈，焦虑不安更加明显，有时甚至会出现比较过激的行为。妊娠引起身体外部的变化是皮肤的改变，皮肤会失去光泽变得发暗，眼睛周围面颊处会出现被称作妊娠斑的褐色斑点，原有的黑痣也可能加深。

3个月的胎儿是各项器官和各项生理系统发育最旺盛的时候，90%的器官已经建立，小脑袋已经开始发育了，能感受到来自外界声音的刺激，胎儿所需的营养明显增加。

2. 胎教重点——梳理最适合您的胎教方法

（1）营养胎教：开始减少精盐的摄入量

从现在开始，需要减少食盐的摄入量，因为盐里含有大量的钠。在孕期，如果体内钠的含量过高，血液中的钠和水会由于渗透压的改变，渗入到组织间隙中形成水肿。因此，多吃盐会加重水肿并且使血压升高，甚至引起心力衰竭等疾病。当然，长期低盐也会有副作用，正常情况下，每天食物中摄入盐量以5~6克为宜。

（2）情绪胎教：一定要保持良好的情绪

正常情况下母亲有节律的心音，是胎儿最喜欢听的音乐，母亲体内的肠蠕动声、呼吸声，也能给胎儿以稳定的感觉，处在良好的子宫内环境中，能使胎儿得到良好的生长发育。相反，如果孕妈妈焦虑、紧张不安，或者忧郁悲伤时，会使血液中的内分泌激素水平改变，胎儿会立即感觉到，并表现出不安。

（3）语言胎教：点滴生活中的语言关怀

改变外出采购路线，花一定的时间观察周围的事物，向胎宝宝讲解生活中的各种现象；打扫起居室、卧室卫生，擦洗家具，给胎宝宝描述这个温馨的家是什么样的；擦拭窗户和门框，冲洗厕所和浴室，可以给胎宝宝讲妈妈是怎么劳动的，告诉胎宝宝要讲卫生；孕妈妈可以有意识地去幼儿园或学校观察学生上课或玩耍的情景，然后讲给胎宝宝听。

3. 胎教故事——成长在爱与智慧的环境中 ·················

乌鸦喝水

　　一只乌鸦在天上飞着，飞着飞着，感到口渴了，就到处找水喝，找了很久都没找到，飞到沙砾堆附近时，突然看到沙砾堆上有一只玻璃瓶子，玻璃瓶子里有半瓶水。乌鸦很高兴，立刻一个俯冲下来，来到瓶子边，一下子就把嘴伸入瓶口里了，可是瓶子里的水太少了，乌鸦根本喝不到。乌鸦想把头也往里伸一伸，可是瓶口太小了，只容得下乌鸦的嘴进去。

　　怎么办呢，把瓶子推倒吧，瓶子里的水瞬间就会流出渗入地下，也喝不到。

　　把瓶子砸烂吧，没有工具办不到。看着眼前的水喝不到嘴里，口渴的乌鸦急得团团转，转着转着，它看到了瓶子边上的小石子，咦……如果把小石子放到瓶子里，瓶子里的水不就会升高了？当小石子足够多的时候，瓶子里的水不就升到瓶口了吗？那样我就能喝到水了。

　　乌鸦想到这里，立刻行动起来，一颗一颗地捡来小石子放到瓶子里，眼看着瓶里的水一点一点升高，乌鸦高兴极了。终于，当乌鸦把最后一颗小石子放入瓶中的时候，水就升到瓶口来了。乌鸦通过自己的努力，终于喝到水了。

胎　教　心　语

　　孕妈妈不妨找些益智游戏，像九宫格、脑筋急转弯、猜谜等，像乌鸦一样动动脑筋，想一想。孕妈妈多动脑，胎宝宝也会头脑灵活，并且有利于养成爱动脑的习惯。

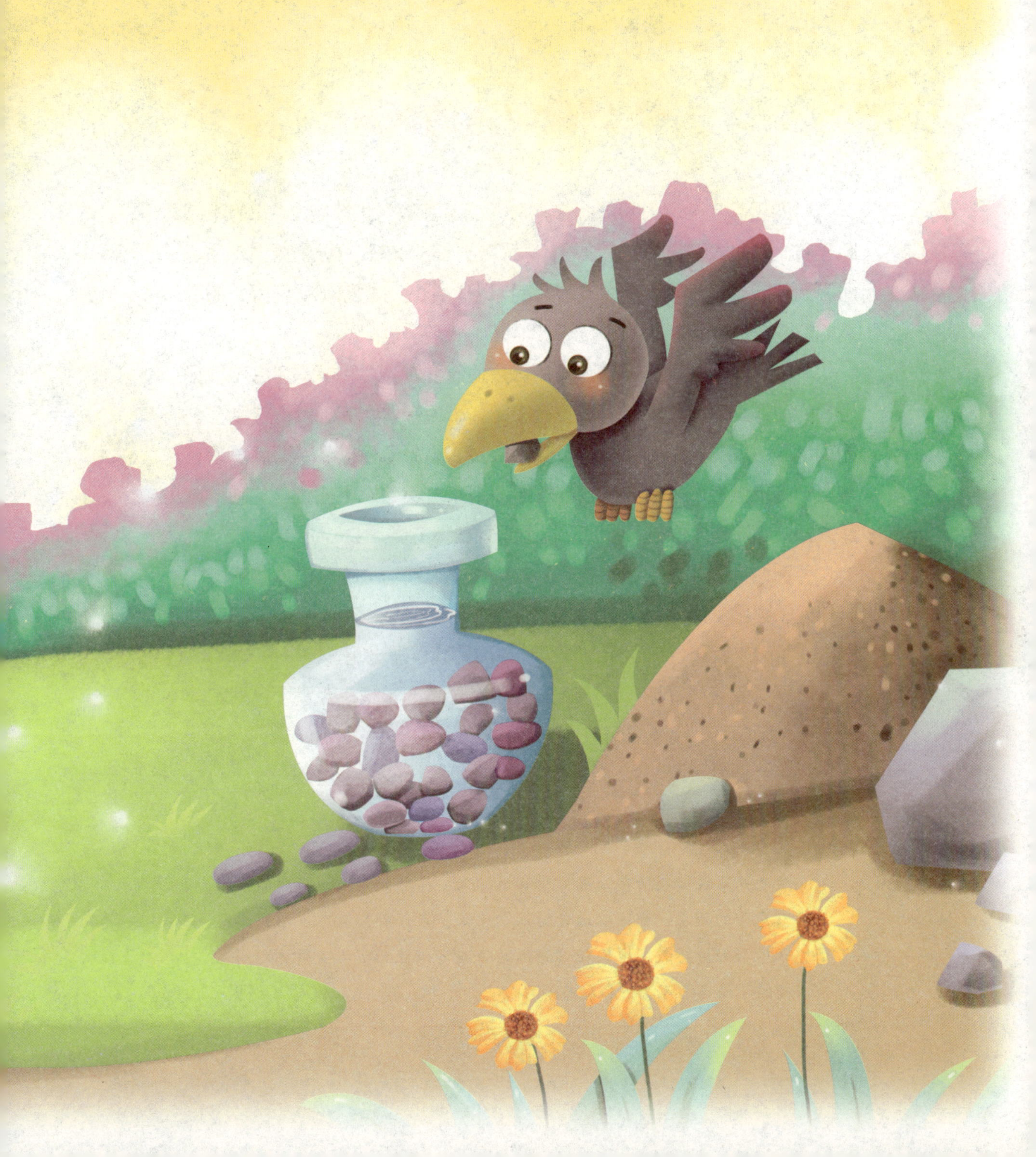

一天到晚游泳的海豚

"即日起，游泳大师海豚来本公园的游泳馆为大家做 24 小时不间断表演，欢迎大家随时前来观看。" 广告一贴出来，公园里就轰动了。海豚到公园里来，这是多么不容易的事呀！不过，大家都很怀疑，海豚真的能 24 小时不间断地做游泳表演吗？

"瞧，海豚的表演多精神啊！它会顶球、跳圈、跳高，还会做很多好看的动作。" 小兔被它的表演迷住了。小兔带着吃的、用的住到了公园宾馆里，只要一有机会就看海豚的表演。小兔奇怪极了，海豚总是在池里一刻不停地游来游去，根本就不停下来。小兔忍不住说："喂，游泳大师，你还是休息一下吧，这样要累坏身体的呀！"

"谢谢你，我一点也不累！" 海豚说，"我睡觉的时候大脑的一个半球处于睡眠状态，另一个半球处于工作状态。这样隔十几分钟再调换一次。看起来我一直在游泳，其实我并没有耽误睡觉呢。"

"噢，是这样，你一天到晚地游泳，真了不起呀，真是个名副其实的游泳大师啊！" 小兔佩服地说。

胎 教 心 语

胎教并不仅仅包括在家里听听音乐，只要对孕妈妈来说力所能及的且没有危险的活动，都可以进行尝试。比如，在秘鲁，有不少孕妈妈与海豚亲密接触做胎教，她们相信海豚的声波可以让胎宝宝变得更聪明，有兴趣的孕妈妈也可以去看看海豚的表演。

摘月亮

很久以前，有个地方一到夜晚就变得漆黑一片，这里从来没有月亮升起过，也没有星星闪烁。

有一次，有四个年轻人离开了这片国土，来到了另一个国度。在那儿，当傍晚太阳消失在山后时，天空中就会升起一个圆球，洒下一片柔和的光华，它虽然不如太阳那样光彩明亮，但一切还是清晰可见。四个年轻人停下来问一个赶车经过的村夫那是什么光。

"这是月亮，"他回答说，"我们市长花了三块钱买下它，并把它拴在橡树梢头。他每天都得去上油，保持它的清洁，使它能保持明亮。"村夫说完就推着车走了。

四个年轻人中的第一个人说："我们家乡也有棵和这一样大的橡树，我们可以把它挂在上面。夜晚不用在黑暗中摸索，将有多痛快呀！"

第二个人说："我们去弄辆马车来，把月亮摘下来运回去。这里的人会再买一个的。"

第三个人说："我很会爬树，我来取下它。"第四个人买了辆马车。第三个人爬上树，在月亮上钻了个洞，穿上一根绳子，然后把月亮放了下来。这个闪闪发光的圆球于是被放在了马车上。

他们顺利地把月亮运到了自己的国家，并把它挂在了一棵高高的橡树上。月亮立刻光芒四射，照耀着整个大地，所有的房间都充满了光亮，老老少少都喜笑颜开，从此，这里的夜晚不再总是漆黑一片了。

胎 教 心 语

这是一个充满想象力的故事。在做胎教时，孕妈妈不妨设想把自己也置身于各种奇妙的场景中，充满想象力的孕妈妈会培养出一个想象力丰富的宝宝哦。

森林里的快乐晚会

森林里要举办一年一度的快乐晚会了！

大象说："开快乐晚会就是要唱歌跳舞，唱歌跳舞是小动物的事，我可参加不了。这样吧，我去帮它们布置会场吧。"

大象把河边的草地打扫得干干净净，搭起舞台，挂上彩纸，还在四周种上了鲜花。忙完这一切后，大象感到很满意，也很疲劳，便打了一个哈欠，躺下来睡着了。

晚上，月亮出来了。噢！快乐晚会要在今夜举行。小动物们穿着漂亮的服装，纷纷来到小河边。

呀！它们发现大象睡着了，身上脏脏的，也没有穿晚会服装。

小动物们急坏了，现在到哪儿去为大象找一件特别大的服装呢。

"我们为大象准备帽子吧。"小鸭们嘎嘎叫着，下河摘荷叶，把它戴在大象头上。

"我们为大象准备衣服。"小鸟飞进森林，衔来一片片绿叶，把它贴在大象身上。

大伙忙完后，就齐声把大象叫醒了。

"大象，你穿得这么漂亮，一定准备了很精彩的节目。"小动物们调皮地问。

大象看看自己身上，果然穿戴得很漂亮。啊，一定是小动物们帮它准备的。

"我不会演节目。"大象不安地说。

"没关系，和我们一起跳舞吧。"小动物们说，"只要你跳得开心，感到快乐就行，谁也不会笑话你的。"

大象真的和小动物们跳起舞来了，它扭着粗笨的身子，感到很别扭，可心里却很快乐。

胎 教 心 语

是啊，就像小动物们说的那样，只要跳得开心，感到快乐，谁也不会笑话的，看大象最后多开心啊。胎教最重要的，不是让胎宝宝学到多少知识，而是让胎宝宝感受到孕妈妈的快乐情绪。

小猫戴眼镜

老奶奶年纪大了，每次看报纸都要戴上一副紫色的眼镜。

小猫看见了很羡慕，心想：老奶奶戴着眼镜多神气啊，我要是能戴一戴这副眼镜就好了。可是，老奶奶每次看完报纸就把眼镜放到一个盒子里，又把盒子放到一个抽屉里。这个抽屉小猫可打不开。

有一天，老奶奶看完报纸，还没来得及把眼镜放到盒子里，就被另一位老奶奶叫走了。小猫终于有机会了。它激动地拿过眼镜，小心地戴到鼻子上。

小猫戴着眼镜，高兴地往外跑，跑到大门边，一看，哎呀，今天的门槛怎么变得这么高了。它用足力气使劲往上跳，一下，两下，就听"咚"的一声，小猫重重地摔倒在地上。真倒霉！小猫心里有点不高兴了。

小猫戴着眼镜，继续往前跑。路好像越来越不平，一会儿高，一会儿低，脑袋也晕乎乎的。正跑着，小猫撞到了路旁的树上，脑袋磕出一个大包，脸也磕破了，眼镜也掉到地上，一块镜片掉了下来。看着掉在地上的眼镜，小猫明白了，它想："今天发生的事情肯定跟这副眼镜有关，这准是一副魔镜，我还是送回去吧。"

小猫把眼镜悄悄地放到老奶奶的桌上。

老奶奶回来了，她看着弄坏的眼镜和磕破脸的小猫，顿时就明白了。她摸着小猫的头说："眼镜可不是什么好玩的东西。"

小猫"喵呜喵呜"叫着，不好意思地低下了头。

胎 教 心 语

　　故事中的小猫生动活泼。在读这个故事时，整个人的心情也会跟着小猫变得轻松起来。其实胎教与这个故事所要讲述的道理是相通的，那就是适合别人的东西不一定适合自己，在胎教方式上，孕妈妈可以听取别人的经验，但是不要听别人说什么好就盲目地去尝试哦。

咪咪的玩具

小花狗生病了，大伙儿带来了各自最好的玩具，希望能够给小花狗解解闷儿。

小猫咪咪也来了。前来送玩具的小黑猪偷偷看咪咪，咪咪的手里什么也没有。大伙儿开始送玩具了，哇，有遥控飞碟，有声控老鼠，还有精致的小轿车……

轮到咪咪了。大伙儿都把眼睛瞪得大大的，看着咪咪空空的两手。小黑猪更是眼睛一眨也不眨。没想咪咪却说："大伙儿都把眼睛闭上，我才好把玩具拿出来！"

大伙儿互相看看，只好把睁大的眼睛闭上。

一会儿，咪咪说："睁开吧。"小黑猪睁眼一瞧，咪咪手里捧着个花花绿绿的小东西，毛茸茸的，又有趣又可爱。大伙儿都把脖子伸得长长的，想看个清楚。

咪咪手里的小东西十分灵活，东一蹦，西一跳，总往咪咪身后跑。咪咪想抓住它，可转了一百圈还是没抓住。急得咪咪直朝大家吐舌头，那副滑稽相，逗得大家哈哈大笑。

表演结束了，大伙争着问咪咪玩具是从哪儿买来的。

这时，咪咪从地上站起来，拍拍小玩具说："这个玩具一分钱也没花，它就是我自己的尾巴呀！"

啊，大伙儿谁也没想到！

咪咪说："这个玩具是我为小花狗精心设计的。我在尾巴上涂了颜色，卷成彩球的样子。看见小花狗那么开心地笑，我真高兴！"

躺在床上的小花狗说："谢谢你，咪咪，你真好！"

胎 教 心 语

　　好的礼物不一定要有多华贵。在胎教时，有的孕妈妈总想给胎宝宝买各种各样的胎教道具。其实，有趣的、用心的、真挚的心态才是给胎宝宝最好的礼物哦。

豌豆公主

从前有一位王子，他想找一位真正的公主结婚，为此，他走遍了全世界，但不论走到什么地方，都没有找到。

有一天晚上，外面下起了可怕的暴雨，电闪雷鸣，王子一家都关上门窗不敢出来。这时，有人在敲门，老国王只好去开门。

站在屋外的是一位邋遢的年轻姑娘，经过了风吹雨打之后，她的样子是多么难看啊！水沿着她的头发和衣服向下流，流进鞋尖，又从脚跟流出来。

可她竟然说她是一个真正的公主。

老皇后听后心想："不管你说得多好听，我马上就可以考验出来。"于是，她走进卧房，把所有的被褥全部搬开，在床榻上放了一粒豌豆，然后，她取出二十张床垫子，把它们压在豌豆上。最后，她又在这些床垫子上放了二十床鸭绒被。

这位公主夜里就睡在这些东西上面。

早晨大家问她昨晚睡得怎样。

"啊，不舒服极了！"公主说，"我差不多整夜都没有合上眼！天晓得床下有什么东西？有一粒很硬的东西硌着我，弄得我全身发紫，这真恼人！"

现在大家看出来了，她的确是一位真正的公主。因为压在这二十张床垫子和二十床鸭绒被下面的一粒豌豆，她居然能感觉得出来。除了真正的公主以外，任何人都不会有这么娇嫩的皮肤的。

因此，那位王子就选她做了妻子，因为他知道他得到了一位真正的公主。

胎 教 心 语

　　真正的公主，哪怕在落难的时刻，也能够保持自己的气度，经得起考验。在胎教过程中，孕妈妈也会遇到许多考验，不可急躁，要用自己一贯的大度来包容和化解。

老虎学艺

很久以前，老虎还不是森林之王。它看起来高大威猛，却笨手笨脚，空有一身蛮力。它很想拜师学艺，可森林里的动物们却希望它永远是个笨老虎。

有一天，老虎在山脚下碰到一只小猫。它见小猫体态轻盈，动作敏捷，就跟小猫说："我想拜你为师，你愿意收下我这个徒弟吗？没有人比我更适合做你的徒弟了。要是得了你的真传，肯定能将你的本领发扬光大。"小猫想了想，说："好吧，我收下你了！"

每天，小猫很认真地教老虎学本领，老虎的进步也很快。渐渐地，老虎有些瞧不起猫师傅了。它想："这小身板，再好的本领使出来都是花拳绣腿。简直笑掉我的虎牙！"

有一天，老虎假装向小猫学本领，心里却想着："等我有了虎宝宝，就抓这只猫给宝宝当宠物。"聪明的小猫一眼就看透了老虎的心思，它对老虎说："你把我所有的本领都学会了，可以走啦！"

老虎一听，心中暗喜。它眼珠一转，对小猫说："小猫师傅，你身后是个什么东西？"等小猫把身子一转，老虎立即朝小猫扑来。不过，小猫早就有防范，它身子一纵，就爬上了身边的一棵大树。老虎一急，也去爬树，刚爬几下，就掉了下来。它围着树团团转，对着树上的小猫直吼。

小猫生气地说："你这个老虎，这最后一手爬树的本领是我故意不教你的！"

胎 教 心 语

这个故事教给了我们一个尊师重教的道理。可故事中的小猫也值得我们思考，猫因为老虎的恭维而收它为徒弟，是错误的开始；在教徒过程中，只是传授武艺，却不教给它做人的道理，是一错再错。虽然它提防老虎，而对它有所保留，但也给人以教徒不尽力的笑柄。父母是孩子的第一位老师，准父母们准备好了吗？

蒂丽玲河

　　蒂丽玲河非常美，长长的墨绿色头发，身材苗条、修长，婀娜多姿，浅浅的酒窝，明亮的眼睛，真美啊！没有人敢说蒂丽玲河不美，她不禁想："我这么美，谁才能配得上我呢？"

　　大海爱上了美的蒂丽玲河，可蒂丽玲河嫌大海的味道太苦了，也不愿意跟大海一起忍受狂风暴雨和烈日炎炎，更不愿意帮助大海运送船只，还讨厌大海说话的声音太大了，不愿意跟大海在一起。她想，像自己这么美的河，只应该被呵护，被疼爱，收礼物，哪能去受苦。

　　这时，池塘向蒂丽玲河求爱了。池塘说他可以用涟漪温暖蒂丽玲河，可以把睡莲和天上的白云送给蒂丽玲河，还能让山林为蒂丽玲河唱歌，让鲜花为蒂丽玲河开放。蒂丽玲河很高兴，池塘是多么喜欢她呀，能为她做这么多事，比大海好多了。

　　蒂丽玲河接受了池塘的求爱，可是池塘不能像大海一样涌起大浪把蒂丽玲河接走，所以蒂丽玲河只能自己去找池塘。路上沙子太多了，蒂丽玲河的水流一直在减少，她越来越瘦，当她到达池塘的时候，已经变成一条细细的小溪，失去了以前的美。此时的池塘也不再爱她了，最后她只剩下了几滴眼泪。

胎 教 心 语

怀孕期间的孕妈妈特别敏感，虚荣心在这个时候也可能空前高涨，看到别人有的自己也想有，不能拥有就闷闷不乐。如果孕妈妈出现了这样的情绪，准爸爸要帮助她及时消除，以免导致抑郁，影响胎宝宝以后的气质和性格。

王冕学画

古时候有一个人叫王冕，因为家里穷，只念了三年书，就去给人家放牛。但他非常好学，经常一边放牛，一边找些书来读。

王冕不仅喜欢读书，还喜欢画画。有一年初夏，在一个雨过天晴的傍晚，王冕到湖边去放牛。这时候，阳光透过白云，照得满湖通红。湖边的山上，青一块，绿一块，十分好看。树叶经雨水洗过，绿得更加可爱。湖里的荷花也开得格外鲜艳，荷叶上的水珠像珍珠似地滚来滚去，真是美极了。王冕心里想：要是能把这幅景象画下来，该多好啊！对，我先学着画荷花吧！

可是，没有笔墨颜料，怎么画呢？王冕冥思苦想，突然，他想出一个好主意！他从地上捡了几根树枝做笔，摘几片树叶捣烂，挤出汁液当作绿色的颜料；把红色的石头研成粉末，和水调匀，当作红色的颜料，就坐在湖边上画起荷花来。

起初，王冕画的荷花、荷叶，都像长了翅膀要飞似的，一点也不像。可他并不灰心，画一张不像，就再画一张。他一边画，一边对着荷花仔细地琢磨。这样画来画去，琢磨来琢磨去，他画的荷花简直跟湖里长出来的一样，好看极了。

画荷花成功了，他接着学习画山水，画牛马，画人物，到后来，不论画什么东西，他都画得很好。

胎 教 心 语

绘画是一门艺术，需要时间去沉淀，绘画的技巧需要练习。故事中王冕的画艺就是通过不断地练习得到提升的。有绘画兴趣的孕妈妈，可以将绘画作为一项重要的胎教活动，并且一直进行下去，宝宝出世后仍然可以作为宝宝的游戏素材。

四、孕四月，不安分了

　　常常会拿起画笔，闭上眼描绘你微笑的神情，你慵懒的样子，你散发着的圣洁的光辉，宝贝，真的好想见到你。

1. 每月变化——孕妈妈陪胎儿一起成长

　　孕妈妈流产的概率小了很多，羊水量从这个月起会大幅增加，肚子明显增大，从外表也能看到其隆起。乳房与臀围都变大了，体重明显增加，皮肤色素加深，基础体温已经下降，有时会感觉到腰部酸痛。此外，孕妈妈的妊娠反应显著减轻，食欲明显好转。

　　胎儿在妊娠 15 周后期已完全具备人的外形，由阴部的差异可辨认男女，皮肤开始长出胎毛，骨骼和肌肉日渐发达，手、足能做些微小活动，内脏发育大致已经完成，心脏跳动活泼，可用超声波听诊器测出心音。

2. 胎教重点——梳理最适合您的胎教方法 ················

（1）营养胎教：孕妈妈尽量不要挑食

宝宝感觉味道的"味蕾"，在妊娠3个月时就逐渐形成，到第7个月时将发育成熟。4个月大的胎宝宝，味觉已经出现了，能够辨别羊水的味道。从而决定吞咽与否，或吞咽多少，宝宝还会津津有味地品尝稍带咸味的羊水。宝宝这个时候已经开始"挑食"，对自己不喜欢的味道会表示特别的厌恶。如果孕妈妈挑食，不但造成营养缺失，还会影响宝宝。

（2）意念胎教：想象可让宝宝更漂亮

有些科学家认为，在母亲怀孕时如果经常想象孩子的形象，在某种程度上会与将要出生的胎儿比较相似。因为母亲与胎儿在心理上与生理上是相通的，孕妇的想象和意念是构成胎教的重要因素。母亲在构想胎儿形象时，会使情绪达到最佳状态，使体内具有美容作用的激素增多，使胎儿面部器官的结构组合及皮肤的发育良好。

（3）美育胎教：享受一下自然界中的美

孕妈妈争取每天早些起床，到环境幽静的公园、河畔或树林中散步，或者在假日里和家人到郊区去游玩。这些地方空气清新，负离子多，有利于改善孕妈妈和胎儿的供氧能力。孕妈妈边散步，边呼吸新鲜的空气，边欣赏大自然的美景，同时把自己美好的感受告诉腹中的宝宝，让宝宝也受到美的熏陶。

3. 胎教故事——成长在爱与智慧的环境中

狐狸和山羊

　　森林里，一只狐狸不小心掉到了井里，井很深，不论它如何挣扎都没法爬上去，只好待在那里。这时，一只口渴的山羊来到井边，看见狐狸在井下，便问它井水好不好喝。

　　狐狸觉得机会来了，心中暗喜，马上镇静下来，极力赞美井水如何如何好喝，并劝山羊赶快下来，与它一起痛饮。一心只想喝水的山羊信以为真，便不假思索地跳了下去，当它咕咚咕咚痛饮完后，才发现根本无法从井里爬出去，就不得不与狐狸一起共商上井的办法。

　　狐狸早有准备，它狡猾地说："我倒有一个方法。你用前脚扒在井墙上，再把角竖直了，我从你后背跳上井去，再拉你上来，我们就都得救了。"

　　山羊同意了提议，狐狸踩着它的后脚，跳到它背上，然后再从角上用力一跳，跳出了井口。狐狸上去以后，准备独自逃离。山羊指责狐狸不信守诺言。

　　狐狸回过头对山羊说："喂，朋友，你的头脑如果像山羊的胡须那样完美，你就不至于在没看清出口之前就盲目地跳下去。"

胎 教 心 语

　　我们在做事情之前，一定要事先考虑清楚事情的后果，然后才去做。准爸爸做胎教也是一样，对于别人的建议不要不加分析地采用，而要根据自己的实际情况选择最适合自己的。

勇敢的鹦鹉

一天，一只鹦鹉离开家来到了一片山林里，山林里的动物都来欢迎这位远方的客人，给它带来好吃的，为它歌唱，为它跳舞，鹦鹉面对这一切，十分感动。

过了一段时间，鹦鹉要回家了，便和山林里的朋友们依依不舍地分手了。

又过了些日子，不幸的事情发生了。这片山林忽然起了大火。山林中的动物们四处逃窜，死伤无数，惨不忍睹。

鹦鹉远远地望见了这边的大火，它飞去求助天神，并不辞劳苦地日夜赶路，赶到了着火的山林边。它一次次地飞到附近的河边，将羽毛在水中沾湿，然后把水洒向山林。也不知这样来来回回飞了多少趟，鹦鹉累得头昏眼花，几次险些被热浪吞没，身上的羽毛也被烧焦了，但是火势一点也没有减弱。鹦鹉毫不气馁，还是不断地洒着水。

天神对鹦鹉说："你也太自不量力了，凭你用羽毛洒的那一点水，是根本扑灭不了山火的，你这是何必呢，一不小心还会把自己的性命都搭进去！"

鹦鹉回答说："我曾经寄住在这里，这里所有的动物都非常善良，待我非常好。无论如何，我一定要为它们竭尽全力，绝不能眼睁睁地看着它们活活被烧死！"

天神听了这番话，很受感动，便立即施法，将火扑灭了，鹦鹉的朋友们终于得救了。

胎教心语

小鹦鹉很勇敢，冒着失去生命的危险，去救助曾经帮助过它的动物们。通过这个故事，准爸爸和孕妈妈要告诉胎宝宝，长大后做一个善良、勇敢、为他人着想的人。

丑小鸭

　　天气很暖和，鸭妈妈卧在稻草堆上孵化鸭宝宝。一只只小鸭子从蛋壳里钻了出来，可是一个特别大的蛋却没动静。几天后，这个蛋慢慢裂开，钻出了一只又大又丑的鸭子。它有着灰灰的毛，大大的嘴巴，瘦瘦的身子，大家都叫它"丑小鸭"。

　　因为长得丑，大家都欺负丑小鸭。哥哥姐姐咬它，公鸡啄它，猫吓唬它。丑小鸭只好钻出篱笆，伤心地离开了家。在树林里，小鸟嘲笑它，猎狗追赶它。

　　丑小鸭只好一直流浪。秋天来了，树叶飘落在身上，丑小鸭忍不住掉下眼泪来。

　　一天，丑小鸭看到一面湖，它跑过去，在湖面自由自在地游起来。突然，几只雪白的天鹅掠过湖面，向南方飞去。丑小鸭羡慕极了，它们的样子那么高贵，姿态那么优雅。冬天来了，冰雪覆盖了湖面。丑小鸭趴在芦苇丛中，又冷又饿，昏睡过去，最后被一个农民救走了。

　　第二年春天，丑小鸭又来到了湖边。这时，几只天鹅落在它身边，关切地看着它。丑小鸭心想："连你们也要嘲笑我吗？"它难为情地低下头，却看见了湖水中自己的倒影，竟是雪白的羽毛，长长的脖颈，自己已经变成了美丽的天鹅！

　　几只天鹅起飞了，丑小鸭也张开美丽的翅膀，跟着同伴们飞向高高的天空。这时，鸭子、公鸡、猫、猎狗仰望着天空，发出一声声赞叹："啊，多美的天鹅！"

　　大家不知道，在这群天鹅里，有一只就是那曾被大家嘲笑过的丑小鸭。

胎 教 心 语

　　在这篇童话中，丑小鸭最突出的特点就是对美的向往和不懈的追求。理想人人都有，奋斗人人都会，但在逆境中坚持不是人人都能做到。丑小鸭没有放弃，它坚守到了美好的未来。

小公鸡游泳

这是一个晴朗的好天气，河水静静地流淌着，微风吹来，河面上波光粼粼。

小动物们都在河边快乐地玩耍。突然，只听"咕咚"一声，小松鼠手里的松果掉进了小河里。望着河面上越漂越远的松果，小松鼠急得直哭。

小公鸡听见了，"扑通"一声就跳进了河里，然而河水瞬间就把它淹没了，它急忙使劲地扑腾着翅膀，可是它的羽毛越来越湿，沉沉地压在身上，让它越来越没力气。

就在它马上要沉入河底的时候，小鸭子及时赶到，救了小公鸡。

小公鸡郁闷地说："我跟小鸭子长得差不多，为什么它能下水我却不能？"

旁边的松树爷爷呵呵笑着说："小鸭子的羽毛像抹了一层油，在水里不沾水，所以能像小船一样浮在水面上，它那两只大蒲扇一样的脚，就像两只船桨，能推动它在水里自由地活动，而你不具备这些身体条件，所以你不能在水里游泳。"

小公鸡听完很伤心地哭着说："我连游泳都不会，呜呜……"

松树爷爷笑着继续说："你虽然不会游泳，但是你的嘴很尖锐，能吃到石缝里的小虫子，你行走灵活，当然你还有更多的本领，这要你自己去发现，所以你完全没有必要伤心，知道吗？"

小公鸡听完松树爷爷的话，高兴地笑了。

胎 教 心 语

每个人都有自己的长处，小宝宝也是一样，各有各的可爱；对于孕妈妈来说，自己的宝宝总是最可爱的。在读故事时，孕妈妈不妨对着肚皮跟胎宝宝对话，传达给胎宝宝更多的爱和关心，告诉他你觉得他会有多棒。在日常生活中，孕妈妈也要注意，不要与别人比较，特别是不要用自己的短处和别人的长处比较，以免破坏自己的情绪。

小马过河

　　有一天，妈妈把小马叫到身边说："小马，你已经长大了，可以帮妈妈做事了。今天你把这袋粮食送到河对岸的村子里去吧。"小马非常高兴地答应了。

　　它驮着粮食飞快地来到了小河边。可是河上没有桥，只能自己蹚过去。

　　不知道河水有多深，犹豫中的小马一抬头，看见了正在不远处吃草的牛伯伯。

　　小马赶紧跑过去问道："牛伯伯，您知道那河里的水深不深呀？"

　　牛伯伯笑着说："不深，不深，才到我的小腿。"小马高兴地跑回河边准备蹚过河去。它刚一迈腿，忽然听见一个声音说："小马，小马别下去，这河可深啦。"

　　小马低头一看，原来是小松鼠。小松鼠翘着它漂亮的尾巴，很认真地说："前两天我的一个伙伴不小心掉进了河里，就被河水冲走了。"

　　小马一听没主意了。牛伯伯说河水浅，小松鼠说河水深，这可怎么办呀？

　　它只好回去问妈妈。小马把牛伯伯和小松鼠的话告诉了妈妈。妈妈安慰小马说："没关系，咱们一起去看看吧。"

　　小马和妈妈又一次来到河边，妈妈让小马自己去试探一下河水有多深。

　　小马小心地试探着，一步一步地蹚过了河。噢，它明白了，河水既没有牛伯伯说的那么浅，也没有小松鼠说的那么深，只有自己亲自试过才知道。

胎 教 心 语

　　小马的故事告诉我们很重要的一点：每个人都是独立的个体，别人的经验不一定适合自己。在胎教过程中，会有许多的人告诉你各种各样的经验，孕妈妈要懂得取舍，在吸取别人经验的同时，摸索出最适合自己的方法。

茅以升的故事

茅以升出生在一个贫寒的读书人的家庭里，但他勤奋用功，一直是全班学习成绩最优秀的学生。

一年一度的端午节快到了，南京秦淮河上要举行热闹非凡的龙船比赛。

茅以升和小伙伴约好一块儿到河畔玩个痛快，但不巧的是，头天晚上，他突然病了，不得不待在家里。端午节那一天，茅以升躺在床上，心儿却飞向了秦淮河，他多么羡慕自己的小伙伴啊！

晚上，小伙伴回来了，一个个无精打采。茅以升很是奇怪，一问才知道，原来秦淮河上出了事。由于看龙船的人太多，把一座叫作文德桥的古老拱桥给挤塌了，许多人掉到河里淹死了。

这太不幸了，茅以升惊呆了，直愣愣地望着天花板……他幼小的心灵埋下了理想的种子，好半天才说出一句话："我长大了一定要学会造桥，为大家造最结实的桥！"

从此，茅以升的头脑几乎被桥占据了。他出门只要见到桥，总要上上下下看个仔细；读书读到有关桥的内容，就立即将其抄在本子上。他收藏的各种桥的图画、照片，更是数不胜数。因为这个，他还得了个"小桥迷"的绰号呢！

11 岁那年，勤奋好学的茅以升小学没毕业就考进了"唐山路矿学堂"。

后来，茅以升以第一名的成绩考取了清华学堂官费研究生，最终成为我国著名的桥梁专家，为我国桥梁事业的发展做出了卓越贡献。

胎 教 心 语

兴趣是最好的老师。做胎教也一样，要选择自己感兴趣的内容，让自己真正体会到其中的乐趣，而不是把胎教当作一项枯燥的任务。

三个好朋友

虾和梭子鱼是天鹅的好朋友。有一天，天鹅要送一辆车到城里去，虾和梭子鱼主动要求帮忙拉车，天鹅很高兴地答应了。于是它们在车上绑定了三根绳子，约好天鹅喊"一二三"，大家一起发力拉车。

天鹅喊了："一二三，开拉！"自己拉着一根绳子展翅向天空中飞去，虾只会往后蹦，所以拉着绳子向与天鹅相反的一个方向蹦去，梭子鱼却是拉住绳子蹦到池塘里使劲向下游。它们拼尽全力，拉了好久，天鹅累得翅膀都要举不起来了，虾憋得满脸通红，梭子鱼则全身发灰，没有半分气力了，却发现车子竟然一动也不动！

休息了一会儿，天也不早了，车子还是待在原地，于是三个好朋友互相打气，再试，试了好几次，然而结果还是一样，车子根本不动。没办法了，天鹅谢过两位好朋友，让它们先回家。

天鹅自己最后检查了一遍车子，并没有发现任何问题，它套上绳子又试了一下，咦，这次居然成功了，车子顺利地向着城市进发了。

胎 教 心 语

　　这个故事中有三个可爱的小动物主角，它们通过一件事情证明了做事方法一定要得当，否则会适得其反。这个故事讲述的道理其实与胎教相通，胎教也如此，要讲究胎教方法，不宜盲目频繁地去做，频繁胎教会打扰胎宝宝的生长，反而害了他。一般每天做一两次，每次5~10分钟就足够了。

百鸟朝凤

很久很久以前，凤凰并不像传说中的那般神奇和光彩夺目，那时候，它只是一只很不起眼的小鸟，羽毛也很平常，跟别的小鸟没什么两样。但它有一个优点：它不像别的鸟那样吃饱了就知道玩，而是从早到晚忙个不停，将别的鸟扔掉的果实都一颗一颗捡起来，收藏在洞里。

许多小鸟都觉得很奇怪，它们问凤凰："这有什么意思呀？一天到晚埋头苦干，收集这么多果实自己也吃不完。这不是财迷精、大傻瓜吗？"可是，凤凰每次都只是笑一笑，并不争辩，只是默默心想：可别小看了这种贮藏食物的行为，到了一定的时候，它可以发挥大用处！

果然，有一年，森林大旱。鸟儿们觅不到食物，都饿得头昏眼花，快支撑不下去了。这时，凤凰急忙打开山洞，把自己多年积存下来的干果和草籽拿出来分给大家，和大家共渡难关。

旱灾过后，为了感谢凤凰的救命之恩，鸟儿们都从自己身上选了一根最漂亮的羽毛拔下来，制成了一件光彩耀眼的"百鸟衣"献给凤凰，并一致推举它为鸟王。

以后，每逢凤凰生日之时，四面八方的鸟儿都会飞来向凤凰表示祝贺，这就是所谓的"百鸟朝凤"。

胎　教　心　语

凤凰是传说中的美丽鸟儿，谁也没有真的见过。孕妈妈在给胎宝宝讲故事的时候，不妨想象一下凤凰光彩夺目的模样，也可以收集一些民间绘画里凤凰的图片来欣赏。同时，孕妈妈也不要忘记跟胎宝宝说，凤凰之所以受到百鸟的尊重，不仅是因为凤凰特别有远见，还因为凤凰舍得跟所有的鸟儿们分享自己的干果和草籽，宝宝长大也要做一个会分享的人。

五官的不满

眉毛、眼睛、嘴巴、鼻子、耳朵五种器官，它们之间常常发生激烈的争论，谁也不服谁。

嘴巴对鼻子说："主人吃的食物、吸收的营养，都是通过我才被接纳的，我的功劳最大。而你，有什么能耐，位置竟然居于我的上面？"

鼻子哼了一下，说："我能辨香味、臭味，只有先经过我的辨别，才能决定什么东西可以进到嘴里，我的位置当然应在你之上！"鼻子越说越激动，似乎真的是自己功劳最大，于是它不满意自己居眼睛之下，冲着眼睛说："你有什么本事，竟然摆在我的上头？"

眼睛瞧都不瞧鼻子一眼，说："我能观察美丑，瞭望四方，别说什么辨别香臭、接纳食物，那都只是小事情，跟我的能耐比起来，全都不值一提！我居你们之上，是天经地义的！"说完，眼睛傲慢地往上一翻，发现有眉毛在自己的上面，它非常生气地对眉毛说："你凭什么在我的上面？"

眉毛毫不示弱，得意地一扬，说："是呀，我为什么就偏偏高居你们各位之上呢？你们想想，如果把我摆在眼睛、鼻子、嘴巴之下，那可就滑稽啦！"

耳朵也参与到争论中："要论能耐，我决不在你们之下，我耳听八方，辨别动静。说起来我最委屈，你们不管高低，总还摆在脸上显眼的位置，而我却连脸都上不了，我能服气吗？"

胎 教 心 语

看，五官本是人体不可或缺的五个部分，少了哪一个都是缺陷，它们却因为争地位而各自不服气，多么傻啊。讲完故事，孕妈妈可以引导胎宝宝认识一下五官，它们的位置、形状、作用都可以说一说，画一画。

三只小猪

在一个小山村里，有三只可爱的小猪。当它们长大应该独立生活了，猪妈妈便让它们盖好自己的房子搬出去住。于是，三只小猪开始琢磨盖什么样的房子。

老大扛来许多稻草，它想搭一座简易的稻草屋。老二跑到山下砍下许多木头回来，它想盖一间好看的木屋。老三决定建造一栋用砖石砌成的房子，这种房子既坚固，又不怕风吹雨打！很快，老大、老二的房子都盖好了，看到老三还在起早贪黑地搬石头、砌墙面，两个哥哥在一旁不停地取笑。过了三个月，老三的新房子也盖好了。

有一天，老大被一只狼盯上。老大慌忙地躲进稻草屋，狼狠狠吹了一口气就把稻草屋吹倒了。老大撒腿就跑进二弟家的木屋。狼追到木屋前停了下来，一下一下地向门撞去，哗啦一声，木屋也被撞倒了。兄弟俩又拼命地逃到了老三家，老三淡定地关紧了门窗，胸有成竹地说："别怕，没问题了！"

站在砖石屋前，想着三只小猪就要成为自己的盘中餐了，狼的心里就一阵得意。它对着房门呼呼吹气，结果无济于事。它又用力去撞，"当"的一声，狼只觉得两眼直冒金星，一看房子，还是纹丝不动。狼开始想办法，它绕着房子转了一圈，最后爬上屋顶，想从烟囱溜进去。

老三从窗口发现狼的计谋后，马上点起了炉子上的火。狼掉进火炉里，被熏得够呛，整条尾巴都烧焦了。它号叫着夹着尾巴逃走了，再也不敢来找三只小猪的麻烦啦。

胎 教 心 语

　　一分耕耘，一分收获。猪兄弟中的老三，坚持建造一个坚固的石房子，最后才得以战胜大灰狼。孕妈妈可以告诉胎宝宝，无论在什么时候都要认认真真地做好每一件事，不怕苦，不怕累，不能草草了事，凡事追求完美。

五、孕五月，显山露水

宝宝，中午你是不是做了什么美梦，蒙眬中你那么有力地撞了妈妈的肚子几下，嘘，这是我们之间的秘密……

1. 每月变化——孕妈妈陪胎儿一起成长

这一时期，孕妈妈可以明显地感觉到腹中胎儿有力的活动，胎动是胎儿生命体征之一，是妊娠诊断的依据，是反映胎儿在子宫内生存情况的重要指标。孕妈妈应将首次感觉胎动的时间记录好，在做产前检查时，供医生参考。

此时，胎儿全身被胎毛覆盖，皮下脂肪也开始形成，皮肤呈不透明的红色。心脏的跳动也有所增强，力量加大，骨骼、肌肉进一步发育，手足运动更加活泼，母体已开始感觉胎动。

2. 胎教重点——梳理最适合您的胎教方法

（1）情绪胎教：主动使自己放松

放弃那种想要在宝宝出生以前把一切打点周全的想法。孕妈妈也许会觉得应该抓紧时间找好产后护理人员，给房间来个大扫除，或在休产假以前把手头的工作都结束了，其实孕妈妈在列出一大堆该做的事情前应该郑重地加上一件事，那就是善待自己。

（2）音乐胎教：打造与众不同的气质

胎宝宝5个月大时，已经具备了听音乐的生理条件，因此，从怀孕第5个月起，就可以开始有计划地进行音乐胎教了。音乐对胎宝宝的作用是不能简单地说明的，但是通过有针对性的音乐陶冶，能使宝宝在气质上发生改变。

（3）语言胎教：多和胎宝宝讲讲话

到了怀孕第5个月，会拥有一个和胎宝宝进行交流的大好机会，胎宝宝在孕妈妈的肚子里面什么都能听见了，如果和胎宝宝说话，几乎都可以得到相应的回应。

（4）抚摸胎教：感受让人惊喜的胎动

一般来说，怀第一胎的孕妈妈通常在怀孕18~20周就可感觉到宝宝在肚子里蠕动了。怀第二胎的孕妈妈则可能更早感觉到胎动，大概在怀孕16周。由于胎动越来越明显，用抚摸方式进行胎教的次数和频率可以增加，抚摸的过程中，可以配合音乐、语言胎教实行综合刺激。但要注意的是，如果有早期宫缩症状，则不宜进行抚摸刺激。

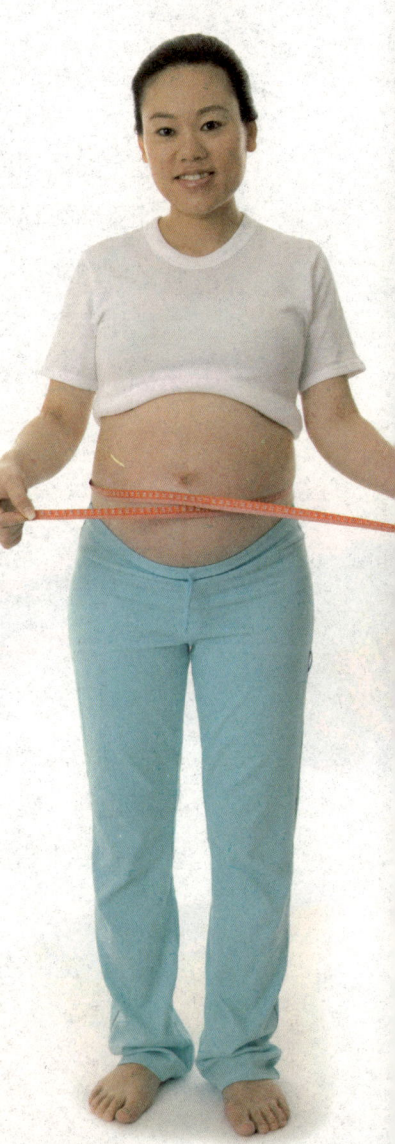

3. 胎教故事——成长在爱与智慧的环境中 ·················

聪明的小牧童

从前有个小牧童，由于别人无论问什么，他都能给出个聪明的回答，因而名声远扬。国王听说了，不相信他有这么厉害，便把牧童招进了宫，对他说："如果你能回答我所提出的三个问题，我就认你做我的儿子。"牧童问："是什么问题呢？"

国王说："第一个问题是：大海里有多少滴水？"牧童回答："我尊敬的陛下，请你下令把世界上所有的河流都堵起来，不让一滴水流进大海，一直等我数完放水，我将告诉你大海里有多少滴水。"

国王又说："第二个问题是：天上有多少星星？"牧童回答："给我一张大白纸。"于是他用笔在上面戳了许多细点，细得几乎看不出来，更无法数清。任何人要盯着看，准会眼花缭乱。随后牧童说："天上的星星跟我这纸上的点儿一样多，请数数吧。"但无人能数得清。

国王只好又问："第三个问题是：永恒有多少秒钟？"牧童回答："在波美拉尼亚有座钻石山，这座山有两英里（1英里＝1.6千米）高，两英里宽，两英里深；每隔一百年有一只鸟飞来，用它的嘴来啄山，等整座山都被啄掉时，永恒的第一秒就结束了。"

国王说："你像智者一样解答了我的问题，从今以后，你可以住在宫中了，我会像对待亲生儿子一样来待你。"

胎 教 心 语

遇到困难的时候，可以运用创造性的思维方式来思考解决方式。孕妈妈在做胎教时，不妨也经常发挥一下创造性思维吧。

寻找小猫的卡罗尔

卡罗尔一直想有一只小猫，这样她就可以和小猫一起玩。

爸爸对卡罗尔说："我们在报上登个广告吧。"

广告登出来了，是这样写的：我们非常需要一只小猫。我们给它安排了一个很舒适的家，想好好地照顾它。请问您有多余的小猫吗？

卡罗尔端出一碟牛奶，还有一碟点心。她又把旧的软垫放在一只布篮子里，就待在家里等着小猫来。丁零零——门铃响了，进来的是一个提着篮子的男孩，他说："我家的猫生了三只小猫，我送给你一只，它叫伯洛。"

卡罗尔抱过小猫，送走了小男孩。小花猫"喵喵"地叫着，卡罗尔说："别难过，我会像你妈妈一样照顾你的。"卡罗尔让小猫喝牛奶，吃点心，还给它玩绒线团。

丁零零——门铃又响了，走进来一位叔叔，真滑稽，他每只口袋里都有一只小猫，他一蹲下，小猫都跳出来，朝屋里跑。

后来，门铃一直响个不停，来了很多小猫，什么样的都有。晚上，家里可不得了了，到处都是小猫，它们在钢琴上跳来跳去，叮叮咚咚响成一片。爸爸从床边每只拖鞋里都捉出一只小猫来，"太多啦，小猫太多啦！你只能养一只。"

第二天，爸爸又在报上登了一条广告：免费赠送胖胖的、漂亮的小猫，请赶快来选。孩子们从四面八方跑来了。卡罗尔很伤心，整整一天，她都在跟猫咪告别。最后，卡罗尔只留下了那只叫伯洛的小猫。

胎 教 心 语

故事中的小朋友很爱小猫，也许讲这个故事的孕妈妈是一位爱猫之人。可是，小猫、小狗还有小鸟等都是容易携带寄生虫与病毒的小动物，孕妈妈怀孕期间一定要注意宠物们的卫生与防疫，最好能暂时避免接触它们，等宝宝长大之后，可以养一只宠物陪伴他。

运动员小猴子

在一个金秋季节，森林里正在举行盛大的动物运动会。

随着"砰"的一声发令枪响，小猴子和小白兔像离弦的箭一样跑了出去，它们跑啊跑啊，忽然看见一只小松鼠在树下哭，小白兔想：这小松鼠干吗哭呢？上去问问吧！可是现在是赛跑啊，要是输了，就会被别人看不起，还是不理它了。小白兔继续往前跑。

小猴子想：小松鼠哭了，一定有伤心事，去安慰安慰它吧。于是小猴子停住了脚步，走向小松鼠，问道："小松鼠，你干吗哭呀？"

小松鼠哭着说："小猴子，我出来看运动会，可是我找不到回家的路了。"

小猴子说："小松鼠，你不要哭，森林里的路我都熟悉，我送你回家吧。"

小松鼠听了，抬头看着小猴子，只见它身上穿着运动衣，满头大汗，就说："你还不快跑，你会输的！"小猴子说："不要紧，我先送你回家。"

小猴子把小松鼠送回家，就继续往终点跑，但它跑到终点的时候，看见小白兔带着花环，在大伙儿中间有说有笑。大伙儿看见了小猴子，说："小猴子，你怎么跑得这么慢，是不是在半路睡着了呀？"

小猴子听了，甭提心里有多难受了！它躲到一边，伤心地哭了。哭着，哭着，它感觉到它的脖子被什么东西套住了，一摸，原来是个花环。大象爷爷摸着小猴子的头，说："好孩子，花环应该是你的。"

胎 教 心 语

人生最美丽的收获之一，就是人们真诚地帮助别人之后，同时也帮助了自己。孕妈妈在做胎教时，也要告诉胎宝宝这个道理。有的时候，我们帮助别人只是举手之劳，但却能因此得到意外的机会和收获。

糊涂的小老鼠

小老鼠非常顽皮，鼠妈妈让它学本领，它总是不当回事，心里成天想着出去玩。

一天，小老鼠趁妈妈不注意，又偷偷地溜出了家门，直到中午才回来。一到家，他就兴奋地对妈妈说："妈妈，我刚刚出去玩的时候，看到两个奇怪的动物！"

鼠妈妈微笑着对小老鼠说："是吗？你讲给我听听吧。"

小老鼠说："我在院子里看见了第一只可怕的动物！它长着花花绿绿的毛，伸着脖子，发出难听的'喔喔喔'的声音，吓得我直打哆嗦！"

鼠妈妈对小老鼠说："这是小公鸡！"

小老鼠又说："这个奇怪的家伙可把我给吓坏了，我就急忙跑了。后来，我又看见了一个可爱的动物！它身上有着柔软的毛和漂亮的斑纹，叫声也很温柔。"

鼠妈妈赶紧问："它的叫声是不是'喵喵喵'？"

小老鼠高兴地接着说："对呀！我还想和它打招呼呢，但看见小公鸡凶恶的样子，我就赶快跑了！"

鼠妈妈气得哭笑不得，抱过小老鼠，对它说："我可爱的儿子，你知道吗？那个'喵喵'叫的家伙是猫，是我们老鼠的天敌。你要是去和它打招呼，它肯定会毫不犹豫地一口把你吃掉。而那个公鸡是个很温顺的动物，它是不会伤害我们的。"

小老鼠听了妈妈的话，似懂非懂地点了点头，它以后再也不乱跑了，而是跟在妈妈身后，努力地学习本领。

胎 教 心 语

这个故事告诉我们：凡事不能光看外表，许多不好的事物反而常披着温顺的外衣。这也适用于胎教玩具的选择，孕妈妈购买胎教玩具时不能光看外形是否漂亮，还要注意选用安全材质。

灰姑娘

从前，有个女孩没有了妈妈，后来，父亲娶了继母，继母带着两个女儿来到家里。继母让小姑娘干洗衣做饭的粗活，从此，可怜的小姑娘整日穿着一件灰褂子，满身灰尘，满脸污垢。大家都叫她"灰姑娘"。

灰姑娘常到母亲坟前诉说，她的泪水让坟旁的一株小苗长成了大树。树上飞来一只白鸟，这只白鸟每天都能满足她的一个愿望。

国王为了给王子找新娘，连续三天举行舞会，邀请城内年轻漂亮的姑娘参加。

第一天，灰姑娘的姐姐们去参加舞会了。灰姑娘来到母亲坟前诉说自己的愿望，白鸟为她衔来一套金丝织成的衣裙和一双晶莹透明的舞鞋。灰姑娘穿戴好后赶到王宫。她是如此美丽，姐姐们都没有认出她来。王子走过来，请她一次一次地跳舞。舞会结束时，灰姑娘却趁王子不注意，悄悄跑回家了。

第二天，王子更加热情地邀她跳舞。舞会结束后，他悄悄跟在灰姑娘后面，眼看着她在一座花园的梨树上消失了。

第三天，王子一步也不肯离开她，可舞会结束时，灰姑娘还是逃走了。幸好王子提前在楼梯上涂满了柏油，灰姑娘的鞋被粘住了。

王子带上这只小巧的水晶鞋追到灰姑娘家，对他父亲说："让你的女儿试试这只鞋。"大女儿抢先穿，可她大脚趾太长，穿不进去，二女儿呢，她脚后跟太大，也穿不进去。父亲只好把灰姑娘叫出来。灰姑娘洗干净了脸，显得美丽动人。她坐下来，轻易地将鞋穿了进去。她抬起头来，王子认出了她，连忙上前搂着灰姑娘回宫。后来，灰姑娘成了美丽的王后，再也没有人叫她"灰姑娘"了。

胎 教 心 语

　　故事中，灰姑娘有了白鸟的帮助，才得到了她想要的东西。所以，无论走到哪里，我们都是需要朋友的，我们的朋友可能很平凡，但是，我们需要他们，孕妈妈也希望孩子以后会拥有许多许多的朋友。

猴子捞月亮

树林里，一群猴子在玩耍，它们有的在地上打闹，有的在树上蹦跳，好不快活。其中的一只小猴子独自跑到一口井边玩耍，它趴在井沿，往井里边一伸脖子，突然看到有一个月亮。它来不及多想，就大叫起来："不好了，妈妈，月亮掉到井里去了！"

猴妈妈听到喊声，跑到井边朝井里一看，也吃了一惊，跟着喊起来："大家快来看啊，月亮掉到井里去啦！"很快，老猴子带着一大群猴子都朝井边跑来。当它们看到井里的月亮，都一起惊叫起来："月亮真的掉到井里去了，这可怎么办啊？"小猴子说："我们快想办法把月亮捞起来吧！"可是井水很深，伸手是够不到的。

还是老猴子有经验，它看到井边有棵老槐树，就跳到树上，自己头朝下倒挂在树上。其他猴子就依次一个一个你抱我的腿，我勾你的头，挂成一长条，头朝下一直深入井中。小猴子体重轻，挂在最下边，它的手伸到井水中，对着明晃晃的月亮一把抓去，可是除了抓住几滴水珠外，怎么也抓不到月亮。小猴这样不停地抓呀、捞呀，折腾了老半天，依然捞不着月亮。

倒挂了半天的猴子们觉得很累，都有点支持不住了。有的开始埋怨说："快些捞呀，怎么还没捞起来呢？"有的叫着："哎呀，我挂不住啦！"

老猴子也渐渐腰酸腿疼，它猛一抬头，忽然发现月亮依然在天上，于是它大声说："不用捞了，不用捞了，月亮还在天上呢！"

众猴子都抬头朝天上看，月亮果真好端端在天上呢。

胎 教 心 语

　　很多人读了这个故事，都会觉得猴子好笑，笑它们知之甚少。可谁又去想猴子为什么要捞月亮呢？把井里的月亮捞起来挂回天上，或者捞起月亮给宝宝做玩具，无论哪种我们都能感到一种爱在里面。一群有爱的猴子，也许是好笑的，但更是可爱的。

手捧空花盆的孩子

　　从前有一位国王，他的年纪大了，却还没有子女。他想挑选一个孩子做继承人，人们也猜想着国王心目中的继承人是什么样子，聪明、勇敢，还是英俊？国王发给每个孩子一些花种，宣布谁能用这些种子种出最美丽的花，谁就是他的继承人。孩子们都希望自己能够成为幸运者，孩子们的家长更是看在眼里，急在心里。

　　有个叫雄日的男孩儿，把领来的种子种在花盆里，整日精心地照料。十天过去了，半个月过去了，一个月过去了，花盆里的种子连芽都没冒出来。雄日把种花的土换了，又给种子浇水、施肥，种子还是不发芽。

　　国王看花的日子到了，雄日很失落，但是雄日的父母仍旧鼓励他去参加。那天，孩子们捧着一盆盆鲜花涌上街头，期待着国王投来赞许的目光。但国王看着这些鲜花，脸上却看不到一丝喜悦。忽然，国王看见了人群后面端着空花盆的雄日。他无精打采地站在那里，眼角还有泪花。国王把他叫到跟前，问："你为什么端着空花盆呢？"

　　雄日对国王说了花种怎么也不发芽的经过。没想到国王听了，脸上却露出了笑容。他把雄日抱起来，高声说："你就是我要找的继承人！"

　　大臣们不解地问国王，为什么选雄日当继承人，国王说："我发的花种全部是煮过的，根本就不能发芽开花。"

胎教心语

　　细想下，这个国王知道除了雄日外，就没有一个诚实的孩子了。这是可能的事情吗？答案在文中"孩子们的家长更是看在眼里，急在心里"的这句话里。可以想象，这些家长都帮孩子做了些什么。胎教时，准父母可以给胎宝宝讲一些诚实做人的故事和道理；当宝宝出生后，父母就要以身作则，处处给孩子做出榜样。

"聪明"的臣子

从前，在遥远的国度住着一个国王，他生性特别的贪婪。

有一天，国王听说有一个仙人会来到他的国家，而这个仙人的眼睛有很神奇的特点，就是能够看见埋在地下的一切宝藏。

国王心里不知有多快乐，便和臣子们商议说："我们要想一个方法，叫这个仙人长住在我们这里，不让他到别的国家去，那么我就能够得到藏在地下的所有财宝，我将会比任何国王都富有。"

有一个自认为聪明的臣子眼珠转了转，马上说道："臣有一个好法子！"

国王一听，高兴极了："爱卿有什么好法子啊？"

不过那个臣子并没有立刻说出他的办法，而是跑到仙人那里去了，把仙人的一双眼睛挖了出来，拿回来呈给国王并说："臣已经留下仙人的眼睛了，现在即使他去了别的地方也不要紧了。"

可想而知，这个仙人眼睛被挖了出来，就成瞎子了，国王自然也无法得到地下的财宝了。

胎 教 心 语

这个愚蠢的臣子真是舍本逐末啊。其实，仔细想一想，做胎教也是一样的道理，不能光想着做胎教，而忘记了最重要的是让孩子快乐地成长，如果频繁做胎教扰乱胎宝宝的睡眠就得不偿失啦。

爸爸的珍宝

从前，有一座大山，在山的南边住着一个老农夫和他的三个儿子。这个老农夫有一大片的葡萄园，每年都会结许多甜美多汁的大葡萄。可是老农夫年纪大了，体力渐渐衰弱，再也不能到园里劳作了，而他的三个儿子虽然已经成年，却十分懒惰，眼看着葡萄园一天天地荒芜了。

临终前，他把三个儿子叫到身边，对他们说："我的孩子们，在葡萄园里，我埋藏着一批珍宝，你们生活困难时就挖出来补贴家用吧。"说完就去世了。儿子们见父亲已死，立即找来锄犁，挖的挖，耕的耕，翻土三尺，可是始终也没有找到那批财宝，而整座葡萄园由于他们的耕、挖等劳作，土地变得松软，更有利于葡萄生长了。

第二年，葡萄获得了大丰收，每颗葡萄都圆滚滚的，像一颗颗紫红色的大珍珠，还发出耀眼的光芒。三兄弟高兴极了，他们把一部分葡萄运到镇上去卖，一部分酿成了葡萄酒，赚了一大笔钱。

"虽然没有找到珍宝，但帮园子松了土总是对的！"老三开心地说道。

老二说："现在我总算明白父亲的用心了！其实他是要咱们辛勤劳动，这样才能收获无数珍宝。"

老大感慨地说："你们看，那满园的葡萄不就像珍宝吗，它们是那样的闪亮、美！"

胎 教 心 语

有时候，换个角度会更容易达到目的，像故事中的爸爸一样，他从孩子的角度来思考，找到一种更容易被孩子接受的方式让儿子们得到收获。教育也一样，能否达到一个好的结果，有很多种方式，准爸爸在给胎宝宝做胎教的时候，也要从胎宝宝的角度出发，来思考胎教到底应该怎么做效果更好。

刨根问底的沈括

一天，小沈括和母亲坐在院子里，他给母亲背白居易《大林寺桃花》这首诗，当背诵到"人间四月芳菲尽，山寺桃花始盛开"这两句时，沈括却慢下来，反复背了几遍，好像有什么心事。

"你怎么来来去去背这两句呢？"母亲感到非常奇怪。

"母亲，为什么都是桃花，山上的桃花要比山下的开得晚呢？"

"这个……"母亲摇摇头，一时也答不上来。

很快，四月来临了，庭院中的桃花落英缤纷。这天，沈括很早就起床了，和小朋友们一起到郊外玩耍。他们爬上了一座山，看到一树树的桃花正傲然开放。眼前的美景让沈括惊呆了，但他心中更多的是迷惑。他想："家中庭院的桃花都落了，这里的桃花开得正茂盛，这和白居易诗中描写的一模一样啊！为何会出现这样的现象呢？"突然，一阵风吹过，沈括和小朋友们都感到阵阵凉意。还好出门前，大人让孩子们多拿了一件厚衣。大家忙打开包袱，把厚衣穿在身上。

"山上风大较冷，别忘了多穿一件衣服。"沈括手中拿着衣服，想起了出门前母亲的话。

"啊！"看着美丽的桃花，沈括突然笑了起来，"我知道了，我知道了！"

沈括顾不上等待同行的小朋友一同下山，便独自飞快地往家跑。"母亲，我知道了，我知道了！"

母亲在家中远远地就听到了沈括的声音。

"你知道什么了？"母亲急忙出门问。

"'人间四月芳菲尽，山寺桃花始盛开'呀！"沈括兴奋地喊道，"山下的地势低，比较温暖，所以花开得比较早；山上的地势高，比较冷，所以花开得比较晚。"

我知道了！我知道了！

胎教心语

　　有句话叫，知其然而不知其所以然。生活中，人们往往不去深思熟虑，就冒出一句话："这个我知道。"胎教时，孕妈妈可以告诉胎宝宝，要像沈括那样，多问一个"为什么"，少说一个"我知道"。

六、孕六月，胎动明显

当欢快就像振翅的蝴蝶，你挥舞着属于你的兴奋，在妈妈的肚子里尽情玩耍，我轻轻触摸着属于你的世界，感动……

1. 每月变化——孕妈妈陪胎儿一起成长

　　6个月时，孕妈妈子宫明显增大，子宫底的高度在耻骨联合上方18～20厘米处。这时，小腹隆起已经相当明显，支撑子宫的韧带被拉长，偶尔会产生痛感。由于子宫压迫，会出现尿频、消化不良等症状。

　　胎儿脸形更清晰，已是人的模样，骨骼更结实，头发更长，眉毛及睫毛开始长出。胎儿身长约30厘米，体重600～700克。从6个月起，胎儿就带着积极的情绪生活，不满意时会发点小脾气。因此，胎儿并不是没有思维的小生命。胎儿在子宫里不仅有感觉，而且还能对母亲相当细微的情绪做出敏感的反应。

2. 胎教重点——梳理最适合您的胎教方法 ·················

（1）营养胎教：这个月补铁很关键

　　到了这个月，孕妈妈比其他人群更可能出现缺铁性贫血，就是因为血容量扩张，胎宝宝和胎盘快速增长，铁需求量猛然增加，但是，所需要的铁的量已经不容易完全由日常膳食来满足，因此孕妈妈比较容易缺铁。现在，孕妈妈铁的供给量应该为每天 25 毫克，可以多吃一些动物血液类食物，以及菠菜这类含铁丰富的蔬菜，同时，多吃一点水果可以增加铁的吸收。

（2）抚摸胎教：配合音乐轻拍胎宝宝

　　抚摸胎教可以促进胎儿运动神经的发育。抚摸胎教应以每晚胎动较频繁时进行。每次持续时间为 5~10 分钟，每日 1 次，每周 3 日。在抚摸胎儿时如能配以轻松、愉快的音乐进行，效果更佳。

（3）音乐胎教：别让噪音伤害胎宝宝

　　胎宝宝的耳蜗在 6 个月时还是很稚嫩，尤其是内耳基底膜上面的短纤维极为娇嫩，如果受到高频声音的刺激，很容易受损伤，这对胎宝宝的伤害是无法挽回的。

（4）语言胎教：给宝宝起个好听的名字

　　准父母可以给胎儿起一个中性的乳名，以方便呼唤的叠字为好，如"宝宝""豆豆"等，经常呼唤，能让胎儿牢牢记住。这样呼唤下去，在婴儿出生后哭闹时再呼唤乳名，宝宝会感到子宫外的崭新环境并不陌生，会有一种安全感，能很快地安静下来。

3. 胎教故事——成长在爱与智慧的环境中 ‥‥‥‥‥‥

小猫钓鱼

有一天，天气晴朗，猫妈妈就和小猫带着渔具，一块高高兴兴地去河边钓鱼。

刚坐下来一会儿，远远的一只蜻蜓飞过来。小猫看见了，赶忙放下钓鱼竿，蹦蹦跳跳地就去捉蜻蜓。

蜻蜓在小猫头上盘旋了一圈飞走了，小猫追啊追，最后也没捉着，只好空着手回到河边来。这时，小猫一看，猫妈妈钓到了一条大鱼。

又过了一会儿，一只漂亮的蝴蝶飞过来了。小猫看见了，急忙放下钓鱼竿，又蹦跳着去捉蝴蝶。蝴蝶也飞走了，小猫又没捉着，空着手回到河边来。小猫一看，猫妈妈又钓到了一条大鱼。

小猫愤愤地对妈妈说："真气人，我怎么连一条小鱼也钓不着？"

猫妈妈看了看小猫，说："钓鱼就钓鱼，不要这么三心二意的。一会儿捉蜻蜓，一会儿捉蝴蝶，这样的话怎么能钓到鱼呢？"

小猫听了猫妈妈的话，就一心一意地钓鱼。

蜻蜓又飞来了，蝴蝶又飞来了，小猫就像没看见一样。不大一会儿，小猫也钓到了一条大鱼。

胎 教 心 语

很多孕妈妈小时候在课本上学过《小猫钓鱼》的故事，小猫三心二意钓不到鱼，而当其专心致志钓鱼的时候，就钓到了大鱼。钓鱼需要专心，孕妈妈做胎教也一样，要心无杂念，想着胎宝宝，把胎教内容在脑海里形成画面，胎教效果才会更好。

希望戒指

很久很久以前，有一个农夫，每天都上山打柴。不过，有一天，他不小心撞到了一棵树上。农夫揉着被撞疼的头，抬头朝上看去，发现一个鸟窝从树上掉了下来。鸟窝掉到地上，从里面滚出两颗鸟蛋。鸟蛋在地上滚了两滚便破了，一个鸟蛋里钻出一只小鹰，另一个鸟蛋里则滚出一只戒指。农夫正对着戒指感到奇怪，小鹰说话了："我是被魔法锁在鸟蛋里的，现在你把我救出来了，为了感谢你，你把这只戒指拿着吧。这是希望戒指，它可以帮你实现五个愿望。要用的时候，只需要对它说出愿望就可以了。"说完，小鹰就飞走了。农夫拿起了戒指，继续上山打柴去了。

农夫打了两捆柴，就背着下山了。回到家以后，他把路上的经历对妻子说了一遍。妻子立刻说："那我们要一头牛和一亩地吧。"但农夫说："一头牛，一亩地，我们好好干一年就有了，没必要动用希望戒指，还是等我们真正有需要的时候再用它吧。"一年后，他们果真用劳动所得换来了一头牛和一亩地。农夫的妻子又想让希望戒指给他们两匹马，农夫依旧说劳动一年也可以得到两匹马，把希望留下吧。于是一年又一年，农夫始终没有用希望戒指，他们努力劳作，日子一年比一年富足，生活也一直很幸福，因为他们一直都拥有希望。

胎 教 心 语

希望使农夫夫妇努力劳作，终于收获了富足的生活。希望的力量是巨大的，孕妈妈也要把对胎宝宝的希望传达给他，最好的传达方法是冥想。孕妈妈可以每天在固定的时间做做冥想，把对胎宝宝的希望刻画在脑海中，胎宝宝能感觉到。

小熊过桥

小熊好久没看见姥姥了，它对妈妈说，"我想去看看姥姥。"

妈妈说："好啊，你去的时候，把咱们那束鲜花给姥姥带去，把那一盒点心也给姥姥带去！"

小熊抱起点心盒子，拿起鲜花，就出发了。

小熊走着走着，来到一条小河边上。河上有一座桥。这桥是用竹子搭的，小熊走到上面就不敢动了，因为走起来左一摇右一晃的，河水还在下边哗哗地响！

小熊正害怕，天上飞过来一只乌鸦。这乌鸦不但不帮助小熊，还吓唬它。乌鸦高声喊道："呱——呱——坏啦，坏啦！小熊要掉下河啦！"

小熊本来就害怕，被乌鸦这一吓唬，就更不敢动了。它着急得哭着叫着："妈妈，妈妈，快来呀！"

可是，熊妈妈离这儿远，听不见小熊的叫喊呀。熊妈妈听不见，水里的小鱼儿却听见了，它们"扑噜，扑噜"从水里探出头来，对小熊说："小熊，小熊，你别害怕，眼睛往前瞧，别往水下看，你挺起胸，直起腰，迈开步，一二，一二，就过去啦！"

小熊听了小鱼儿的话，抬起头，眼睛向前看，挺起胸，直起腰，迈开大步向前走。嘿，真过去了。小熊高兴地笑了，对小鱼儿说："小鱼儿，谢谢你们了，再见吧！"

小鱼儿看小熊平平安安地过去了，都挺高兴，"咕嘟，咕嘟"，全都钻到水里去了。

胎 教 心 语

小熊在面对困难时得到了小鱼儿的鼓励，直面困难，最终克服了难题。孕妈妈在整个孕期会遇到很多很多的困难，这个时候，要鼓励自己勇敢地去克服困难，要相信：自己的勇敢品质是会传递给胎宝宝的。

找朋友

从前，森林里有只长颈鹿，它很孤独，因为它太高了，没人愿意和它做朋友。

有一次，长颈鹿想跟小野猪交朋友。可小野猪跟长颈鹿说话，总是仰着头大声喊，人家以为小野猪是在跟天说话，都说小野猪不正常。结果，长颈鹿跟小野猪没有交成朋友。

森林里还有只小乌龟，它长得太矮了，也很难交到朋友。一次，小乌龟跟牛大哥交朋友。可牛大哥跟小乌龟说话，总是低着头咕噜，人家以为牛大哥是自己在跟自己说话，都说它老了。结果，小乌龟跟牛大哥也没有交成朋友。

一天，长颈鹿在路上走，突然被一朵云缠住了脑袋，怎么甩也甩不开。长颈鹿就跑起来，跑啊跑啊，突然，一脚踢到了正在路上爬的小乌龟，就这样，长颈鹿和小乌龟认识了，这两个孤独的动物很想成为好朋友。可是，一个这么高，一个这么矮，怎么相处呢？

小乌龟说："我有个办法，让你不用低头，就知道我就在你身边。"小乌龟在身上绑了一个氢气球，气球上画上小乌龟的笑脸，长颈鹿看到气球，就好像看见了小乌龟。

长颈鹿很高兴，它说："我也有个办法，让你不用抬头，也知道我就在你的身边。"长颈鹿在脚上挂了一个小铃铛，铃铛一响，小乌龟就能知道长颈鹿在旁边。

这真是一个好办法。长颈鹿和小乌龟，它们就这样成了一对好朋友。

胎教心语

　　长颈鹿和小乌龟因为各自身体的原因，很难交到好朋友，但它们没有放弃交朋友的想法，而是想办法很努力地成为彼此的好朋友。通过这个故事，孕妈妈可以轻声告诉胎宝宝，交上一个好朋友是一件不容易的事情，是需要双方的共同努力和相互包容的。

小绿灯

有一只小萤火虫，名字叫小绿灯。

天已经黑了，萤火虫妈妈还不见小绿灯飞出来，就大声地喊："小绿灯，小绿灯！"这时，它发现小绿灯藏在一片牵牛花的叶子下，声音抖抖地说："我……怕……怕月亮笑话我！"萤火虫妈妈很奇怪："月亮为什么要笑话你？"

小绿灯飞到妈妈身边说："那还用说吗？我的小灯那么小，月亮却把半个地球都照亮了，它能不笑话我吗？"

小绿灯说话的声音很轻，可还是被妈妈听见了。它微笑着说："小绿灯，你的光亮度很小，但你的光是自己发出来的呀！"

小绿灯听了妈妈的话很高兴，对妈妈说："可不，我的小灯虽然小，但是是自己发出的光啊！可不像月亮靠人家的光……"

萤火虫妈妈听了，皱起眉头："孩子，刚才你瞧不起自己，是不对的；可现在，你怎么又瞧不起月亮了？"

小绿灯不服气："月亮不是靠太阳才亮的吗？"

萤火虫妈妈摇摇头，说："孩子，你的小灯虽小，是自己发的光，你不必在月亮面前抬不起头；可月亮呢，虽然反射的是太阳的光，可本身也发挥了'反射'的作用啊！要是没有月亮，夜晚不也是一片漆黑吗？"

小绿灯听着妈妈的话，越想越觉得有道理，于是高高兴兴地同妈妈一起在皎洁月光的照射下朝浓密的树林里飞去。

胎 教 心 语

　　有的孕妈妈总担心自己的孩子会不如别人优秀，在胎教时，孕妈妈不妨告诉自己和胎宝宝，每一个宝宝都有独特的天赋，相信自己和宝宝都会是最棒的。

老鼠嫁女儿

从前，有只老鼠爸爸，打算把自己疼爱的女儿嫁给世界上最厉害的人。

于是，它想谁才是最厉害的呢？抬头看到了太阳，它想太阳很厉害，天下人都需要太阳，于是它去找太阳，可太阳说："我不是最厉害的，乌云一出来就把我遮住了，我见了乌云也害怕。"既然太阳都怕乌云，想必乌云是最厉害的。老鼠爸爸又去找乌云，可乌云说它也不是最厉害的，它怕大风。老鼠爸爸又去找大风，可大风说它也不是最厉害的，它怕围墙。老鼠爸爸又去找围墙，围墙说它还怕老鼠呢，老鼠爸爸一想老鼠怕猫，那猫就是最厉害的了，那就把女儿嫁给猫吧。

老鼠爸爸便得意地向猫提亲了，猫当然愿意，还说："喜事宜早不宜晚，有您这么帅的老鼠爸爸，你的女儿一定也很漂亮。明天就成亲吧。"

老鼠爸爸听了心里很高兴，第二天，老鼠爸爸敲锣打鼓把女儿嫁给了猫，一桩心事终于了了，老鼠爸爸很满意，觉得自己真是聪明无比。

过了一段时间，老鼠爸爸去探望女儿，到了猫的家里，没有见到女儿，于是，它问猫："我女儿呢？怎么没在家呀？"

猫说："哦，我怕别人欺负它，就把它藏到我肚子里去了。"边说边唧唧咕咕地笑着。老鼠爸爸生气了，猫又说："也请你一起来我肚子里吧。"说完，一口把老鼠爸爸也吃掉了。

胎 教 心 语

鼠爸爸执着于找个最厉害的女婿，结果陷入误区，害了女儿，也害了自己。孕妈妈做胎教也要避免追求极致，从而陷入误区，比如做胎教不能太频繁，也不能太复杂，每天做，简单重复就可以，否则轻则起不到胎教效果，重则影响胎宝宝发育。

父子和驴

从前，有一对父子俩牵着驴子，一前一后打算去市场上卖，路上碰到的人们都笑话他们说："你们真傻，人走着，驴子闲着，干吗不骑着驴子呢？"父亲觉得说得对，就让儿子骑上驴子，自己跟着。

过了一会儿，路过一个小村庄，村里一个认识父亲的人说："让儿子骑驴子，你走着，这么宠他，会宠坏他的。"父亲一听有道理，就让儿子下来跟着走，自己骑驴子。

又过了一会儿，碰到一个老太太，老太太斥责父亲说："哪有你这样当父亲的，太残酷了，让孩子走路，你自己骑驴子。"父亲一听有道理，于是让儿子也骑到驴子背上来。

这么一来，驴子负重大了，累得气喘吁吁，身子都开始打晃了。一位牧师看见了，叫住他们教训道："驴子这么弱小，却让它驮你们两个人，太残忍了。你看驴子都快累死了。"父亲一看，驴子果真累得不行了，就问牧师该怎么办。牧师说："你们俩把驴子扛着吧。"

于是父子俩用绳子把驴子的四只脚捆起来，用棍子抬着走。

尽管驴子很重，累得父子俩腰酸背痛，但他们还是坚持抬着。如果再遇不到给他们建议的人，恐怕他们会一直把驴子抬到市场里去吧。

胎 教 心 语

坚持自己的主见，不人云亦云，是孕妈妈做胎教时应该做到的。有很多流行的做胎教的方法不见得好，比如把耳麦放在肚子上给胎宝宝听就不适合，所以孕妈妈了解到一种新的胎教方法时要用自己的智慧辨别是否适用，以免伤害胎宝宝。

运盐的驴子

在一个炎热的夏天，一个商人赶着驴子去城里卖盐。驴子背上驮着几袋盐，盐很重，驴子被压得都快走不动了，但是商人不停催促，驴子只得卖命地埋头向前走。

走到一条小河边的时候，驴子心想可以歇一歇了，可是商人并没有歇息的意思，在驴子喝了几口水后就催促它过河了，驴子很无奈，只得提起软绵绵的四条腿迈进河里，向河心走去，可他的腿实在是太沉重了，腿一软，"咕咚"一声四腿朝天跌在水里了，背上的盐袋也都泡在了水里。驴子拼命挣扎，费了好大工夫才站起来。站在河心，驴子不停地喘着粗气，心里正埋怨商人心狠，但突然感觉身上轻松了不少，原来盐在水里溶化了，驴子高兴极了，步伐也轻快了，再也不用商人催赶了。

过了几天，商人又赶着驴子驮着盐去城里，驴子有了上次的经验，这次也仿效上次的做法，走到河中间就假装摔倒，待盐溶化一些再起来，这次，它又得逞了。

又过了几天，商人又打算去城里，但这次驴子驮的不是盐而是棉花了，驴子走到河中间时，又用同样的办法假装摔倒，可是这次站起来并没有如预想的负担减轻，却更重了，因为棉花吸满了水分，重量增加，这次可把驴子累惨了。

从此以后，驴子再也不敢用这种方法欺骗商人了。

胎 教 心 语

驴子根据前两次的经验处理第三次的事情，结果吃了大亏，因为外在条件已经变了。孕妈妈在怀孕的时候也难免会有过来人传授经验，要记得甄别是否适合自己，个体不同了，同样的方法不一定仍适用。

奇光异彩的宝贝

　　苏格拉底是古希腊著名的思想家、哲学家、教育家，一天，他带着学生们打开了一座神秘仓库，这座仓库里装满了放射着奇光异彩的宝贝。仔细看，每件宝贝上都刻着清晰的字纹，分别是：骄傲、妒忌、痛苦、烦恼、谦虚、正直、快乐……

　　这些宝贝很漂亮、很迷人，学生们都抓起来往口袋里装。可是，在回家的路上，他们才发现，装满宝贝的口袋是那么沉。没走多远，他们便感到气喘吁吁，两腿发软，脚步再也无法挪动。

　　苏格拉底说："孩子们，我看还是丢掉一些宝贝吧。后面的路还长呢！"

　　学生们恋恋不舍地在口袋里翻来翻去，不得不咬咬牙丢掉一两件宝贝。但是，宝贝还是太多，口袋还是太沉，年轻人不得不一次又一次停下来，一次又一次咬着牙丢掉一两件宝贝。

　　"痛苦"丢掉了，"骄傲"丢掉了……口袋的重量虽然减轻了不少，但年轻人还是感到它很沉很沉，双腿依然像灌了铅似的重。

　　"孩子们，"苏格拉底又一次劝道，"你们再把口袋翻一翻，看还可以甩掉一些什么。"

　　学生们终于把最沉重的"名"和"利"也翻出来甩掉了，口袋里只剩下了"谦虚""正直""快乐"……一下子，他们感到说不出的轻松，脚上仿佛长了翅膀一样。

　　最后，苏格拉底长舒了一口气说："我的孩子们，你们终于学会了放弃！"

胎 教 心 语

　　生活中值得追求的美好事情有很多，但因为一个人的精力是很有限的，所以需要放弃一些东西才能获得更多的。或许准爸爸深有体会，因为你在给孕妈妈腹中的胎宝宝讲这个故事的时候，你可能放弃了更多的个人空间……不过也正因为如此，你收获了沉甸甸的幸福。

鲁班学艺

　　鲁班是我国古代的一位出色的发明家，我国的土木工匠们都尊称他为祖师爷。在民间，流传着一段鲁班学艺的故事。

　　年轻的鲁班告别了家乡，千里迢迢来到终南山学艺。山上的小道弯弯曲曲，有上千条，该从哪一条上去呢？一位老大娘告诉他："这里九百九十九条道，正中间一条就是。"鲁班不顾劳累，他左数四百九十九条，右数四百九十九条，选正中间那条小道，走上山去。

　　鲁班到了一个破屋前，屋子里破斧子、烂刨子摊了一地，一个须发皆白的老人正在睡大觉。鲁班想，这位老师傅一定就是精通木匠手艺的神仙了。鲁班把破斧子、烂刨子收拾在木箱里，然后规规矩矩地坐在地上等老师傅醒来。

　　老师傅醒来，看见屋子被收拾过，就有心考考鲁班，他问："一件手艺，有的人三个月就能学会，有的人得三年才能学会。学三个月和学三年，有什么不同？"鲁班想了想才回答："学三个月的，手艺扎根在眼里；学三年的，手艺扎根在心里。"老师傅轻轻地点了一下头收了鲁班做徒弟。

　　可鲁班的艰辛才刚刚开始，他开始不停地磨木箱里长满锈的斧子、刨子和凿子，磨了七天七夜，一件件都磨得闪闪发亮。后来，鲁班用新磨的斧子去伐一棵参天大树，然后砍成一个光滑大柁，又用凿子在大柁上凿了两千多个眼。鲁班足足干了十二个白天，十二个黑夜，最后把成果给师傅看，师傅连声叫好。

　　师傅看鲁班这样的好学、诚恳，就带领鲁班来到西屋。原来西屋满是精致的模型，鲁班下定决心一定要把手艺学好，于是认真研究起模型来。鲁班茶不思，饭不想，对手中的模型爱不释手。三年后，鲁班把所有的手艺都学会了。

　　他拿起了自己磨的刨子、凿子和斧子，告别了师傅，下了山，为人们打造出漂亮的房子和精美的家具。

胎 教 心 语

　　鲁班作为土木工匠的祖师爷，人们一定认为他具有这方面的天赋。天赋固然重要，但更需要磨炼自己。速成式的学习，只能学得个皮毛。胎教时，孕妈妈要告诉胎宝宝，天赋与成功之间有个桥梁，那就是勤奋。

七、孕七月，淘气宝宝

　　宝贝，你越来越淘气了，我们之间的秘密被你爸爸知道了，你爸爸也开始喜欢上了和你一起玩你喜欢的踢肚游戏。

1. 每月变化——孕妈妈陪胎儿一起成长

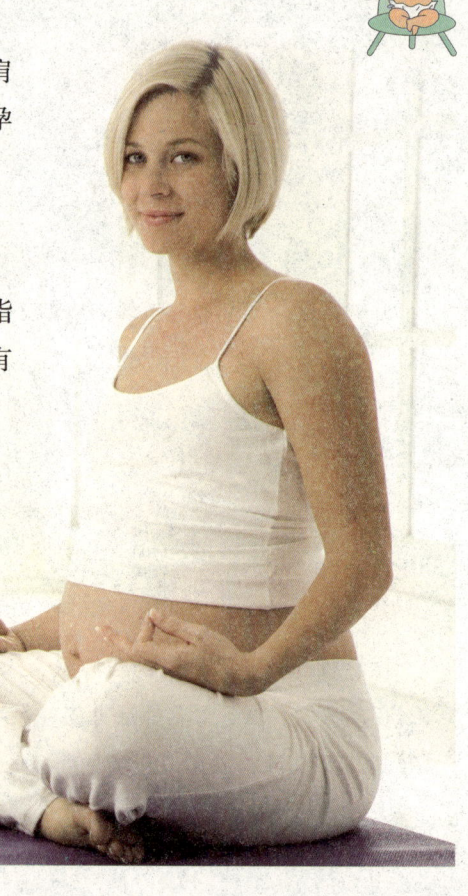

　　由于腹部隆起向前，必须保持胸部向后、颈部向前、肩部下垂、脊柱前凸，才能使身体的重心保持平衡，这会让孕妈妈感到明显的腰背酸痛。大约有70％的孕妈妈腹部、臀部、大腿及乳房皮肤会出现妊娠纹。条纹的形状弯曲、不规则，呈粉红色或紫红色，其大小和范围有较大的个体差异。

　　胎儿上下眼睑已形成，鼻孔开通，容貌可辨，但皮下脂肪尚未充足，皮肤暗红色，皱纹较多，脑部逐渐发达，能有意识地挥舞肢体等，头发已经长出5毫米。

2. 胎教重点——梳理最适合您的胎教方法

（1）营养胎教：给胎宝宝"脑黄金"

保证胎宝宝大脑和视网膜正常发育的物质有 DHA、EPA 和脑磷脂、卵磷脂等，DHA 被称为"脑黄金"，它是胎宝宝 7 个月大时的主打营养素。"脑黄金" 对于怀孕 7 个月的孕妈妈具有重要意义。

（2）光照胎教：促进宝宝视觉发育

胎儿的视觉较其他感觉功能发育缓慢。孕 27 周以后，胎儿的大脑才能感知外界的视觉刺激；孕 30 周以后，胎儿还不能凝视光源，直到孕 36 周，胎儿对光照刺激才能产生应答反应。因此，从孕 24 周开始，每天定时在胎儿觉醒时用手电筒（弱光）作为光源，照射孕妇腹壁胎头方向，每次 5 分钟左右，结束前可以连续关闭、开启手电筒数次，以利胎儿的视觉健康发育。但切忌强光照射，同时照射时间也不能过长。

（3）音乐胎教：注意音乐的强度

在妊娠中期选择胎教音乐，除非专业和特殊需要，最好少听摇滚、重金属、强节奏的打击乐，以免影响到孕妈妈和胎儿的生物节律。徐缓、温和、抒情、写意一类的室内乐、古典音乐才是比较适宜的。

3. 胎教故事——成长在爱与智慧的环境中

小荷花找朋友

一朵荷花孤零零地站在池塘里，它感到很孤单，因为没有朋友和它玩。

一条小鱼游过来，小荷花说："小鱼弟弟，咱们一起玩吧。"

小鱼说："不行，我还要去参加游泳比赛呢。"说完，小鱼就游走了。

一只青蛙跳到荷叶上，小荷花说："青蛙哥哥，青蛙哥哥，咱们做朋友吧。"

青蛙说："不行，不行，我还要练唱歌呢！"天渐渐黑了，小荷花很伤心。

月亮看见了，问小荷花："荷花妹妹，你为什么不高兴呢？"

小荷花说："因为没有朋友和我玩。"

月亮说："那我和你做朋友吧。"

小荷花看了看月亮说："可你在天上，我在地上，怎么和我玩呢？"

月亮说："不要紧，我可以陪你说话呀！可以唱歌、讲故事给你听呀！"

于是，月亮天天晚上陪小荷花说话，它们俩成了好朋友。

胎 教 心 语

荷花是很多孕妈妈喜欢的花儿，在讲这个故事的时候，孕妈妈还可以给胎宝宝详细描述一下荷花的样子、香味。如果正值荷花盛开的季节，孕妈妈不妨在闲暇时去看一看荷花，让胎宝宝领略一下荷花的风姿，闻一闻荷花的清香，在心旷神怡之余，让胎宝宝也吸收一下大自然的灵气。

善良的山姆

一个晴朗的下午，山姆放学回家了，他一边走一边看着书。为了买这本书，山姆几乎用光了自己所有的积蓄。

公路边有一扇敞开着的大门，一位盲人正站在门边。

当山姆路过时，可怜的盲人开口说："请施舍给我几分钱，我好饿，让我买点面包！"

可是山姆并没有钱给盲人，他的钱为买手中的这本书都花光了。

山姆继续向前走着，可是心里却再不平静，他感到非常难过。

不久，他碰到哈里和他的妈妈，他们坐在一辆漂亮的四轮马车上。

盲人依然站在原地，手中举着他的破帽子。

"妈妈，我们给他一点东西吧，他看上去很穷！"哈里对妈妈说。

他妈妈从包里拿出几分钱，哈里急忙接过来，可是他没把钱丢进盲人举的帽子里，而是使出最大的力气，把钱朝远处的树篱中扔去。

哦，那个穷人，那个盲人，他怎么可能找到这几分钱呢！

山姆回头看到了眼前发生的一切，眼见哈里将钱扔进了那远处的树篱中。山姆立刻跑了回来，为那个盲人细心地寻找那些钱，直到一枚枚全部找到。

这项工作占用了山姆很长时间，连晚饭都差点没赶上吃，但是他心里却高兴极了。

你认为这两个男孩，哪个更具有真正的仁慈之心呢？哦，那个盲人心里最感激的是谁？不用猜你就知道。

胎 教 心 语

山姆是个善良的男孩，他有颗可爱的心，虽然他没有钱，但是他用自己的行动帮助了一个需要帮助的盲人。而哈里虽然给了盲人钱，但是他把钱扔得远远的，没有山姆的帮忙，盲人怎么也不可能找到这几分钱。孕妈妈在讲故事的时候，可以在脑海中呈现这一幕幕生动的画面，这些画面会通过某种神奇的方式传达给胎宝宝哦。

珍贵的礼物

　　新年快到了，小老虎给朋友们都送了贺卡。可是，轮到小猫咪的时候，小老虎却不知道该送什么。因为，小猫咪是小老虎最好的朋友，小老虎想送给它一份最特别的贺卡。

　　小老虎想啊，想啊，忽然，它想到了门前的银杏树。这是小老虎和小猫咪一起种的，早就长成了大树。对，送小猫咪一片银杏树叶吧。正好，树上还有一片叶子没有落下来呢！

　　想到这里，小老虎抱住银杏树，使劲摇啊，摇啊，那片树叶就飘飘悠悠地落下来了。于是，小老虎就把这片小树叶夹在信里寄给了小猫咪。

　　小猫咪原来和小老虎是邻居，后来，小猫咪搬到很远很远的地方去住了，就再也没有见到过小老虎。今天，小猫咪收到小老虎寄来的小树叶贺卡，别提多高兴了！

　　可是，小小猫咪却说："一片破树叶子，这算什么新年礼物呀！"说着，就要扔出去。小猫咪急忙说："不要扔！不要扔！"的确，这片银杏树叶又黄又干，有的地方都破了，可是小猫咪捧在手里，看呀，看呀，像捧着一件宝贝。

　　这时，一阵风吹来，小树叶一下被刮到窗台上的花盆里。奇怪，小树叶一下插进土里，竟然慢慢地长成一棵小银杏树苗。

　　后来，小银杏树苗在花盆里长不下了，小猫咪就把它移栽到院子里。小银杏树越长越大，逐渐长成了一棵大银杏树。

胎 教 心 语

　　胎教并不仅仅是给胎宝宝听听音乐、讲讲故事这么简单，胎教的奇妙之处不在于具体做什么事情，而在于孕妈妈的心态。所以，有空的时候，孕妈妈也可以动手制作一些特别的贺卡，寄给自己的好朋友，这样他们就会收到你的思念与祝福。相信友情的温暖会让你更快乐。

小猴荡秋千

　　森林里有一只小猴，机灵活泼，可它却有个很大的缺点——爱取笑别的动物。

　　一天，小猴正在荡秋千，瞎了一只眼的猴子走过来，想和它一块儿玩。

　　小猴大声嚷道："走开，走开，我才不跟你玩呢！"它一边荡，一边编起歌儿唱："独眼龙，打灯笼。只见西来不见东。"独眼猴被气跑了。

　　这时，一只跛脚的猴子正朝这边走来。小猴唱道："跛脚杆，跛脚杆，一脚长来一脚短。"跛脚猴瞪了它一眼，气得转身就走。

　　小猴在秋千上荡呀，荡呀，咦，看见一只驼背的老猴子，小猴又唱开了："驼背驼，像骆驼，背上背着一大坨。"驼背老猴不理它，只是转过身来，用背朝着它。

　　扑通！乐得手舞足蹈的小猴从秋千上摔了下来。"哎哟，哎哟——"小猴痛得在地上直打滚。听到小猴的哭喊声，驼背老猴、跛脚猴和独眼猴都跑来了。它们扶起小猴一看：腿摔断了。驼背老猴忙给它接骨，跛脚猴给它上夹板，独眼猴给它扎绷带。

　　过了些日子，小猴能下地走路了，它万万没想到，自己也成了一只跛脚猴，多难看呀！它伤心地哭了起来。

　　"小猴，你怎么啦？"驼背老猴问道。

　　"我的腿残废了，别人会笑我的。"

　　"怎么会呢？现在大伙儿不是比以前更爱护你了吗？"

　　想到以前常取笑别的动物，小猴的心里又悔又愧……

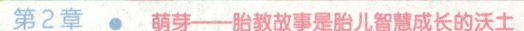

胎教心语

　　顽皮的小猴常常嘲笑别人，但是当它遭遇不幸的时候，朋友们却用行动帮助了它，并且没有嘲笑它。这个故事说明了一个人生理上的缺陷并不可怕，心灵上的阴影才可怕。在胎教过程中，孕妈妈要随时注意清理心灵的垃圾，不要让负面的情绪影响自己的心理健康。

专心致志

从前，有个下棋名手叫秋，由于他棋艺高超，所以别人就叫他弈秋。

有一次，弈秋收了两个学生，为他们两个同时上课。他一心想使这两个学生尽快掌握要诀，把自己的棋艺教给他们，就非常仔细地给他们讲解。

一个学生听讲非常仔细认真，一心一意地听弈秋的讲解和分析，对身旁的事全都不加理会。

而另一个学生呢，看上去他也坐在那里，实际上却是心不在焉。他一会儿看看窗外的田野和树林，一会儿又听听天上的雁鸣，当他发现有好几只天鹅飞过时，便起了射天鹅吃的念头。直到弈秋全讲完了，他也没在意。

这时，弈秋叫两个学生对下一局，看看他们究竟学得怎样。

起先，那个开小差的学生凭着以前的基础还能勉强应付，可渐渐地就显出差距来。那个专心致志的学生攻守从容有序，而老是三心二意的学生只有招架之功，却无还手之力了。

弈秋一见，语重心长地对两个学生说："虽然下棋只是一种小小的技艺，算不得什么大本事，但不专心致志地学习，也是学不好的啊！"

胎 教 心 语

学下棋应该专心致志才能学到真正的棋艺，做胎教也需要用心哦。有的孕妈妈给胎宝宝讲故事没有用心，拿着故事读物当任务完成，这样胎教效果并不好，自己感到无趣、有压力，胎宝宝也不会感到愉悦的。

给予的快乐

爷爷一个月前送给玛丽的一枚硬币，玛丽一直珍藏在楼上她的红盒子里。她想用这枚硬币买那些诱人的糖果。一个才 10 分钱，并不太贵。

玛丽来到食品店，当她正在计划该买哪种糖果时，她看见一个乞讨的小女孩——穿着一身破旧衣服乞讨的小女孩，站在食品店的前面，正可怜地眼巴巴地盯着橱柜里摆放着的一排排面包。

玛丽友好地说："嗨，你在想什么呢，小女孩？"也许从来没有人如此和善地对她讲过话，当时，小女孩用惊讶的眼神凝视着眼前的玛丽。

聪明的小女孩感受到了玛丽的友好。于是，她诚挚但非常难过地说："我饿，我一天没吃上东西了。我想吃那些姜粉面包卷。"

玛丽听后，禁不住对自己说："哦，玛丽呀，玛丽，早饭、午饭你可都吃得饱饱的。可是，站在你面前的这个可怜的小女孩，却没有吃上一口饭呢。快，把硬币给她，她才更需要它呀！"于是，玛丽便痛快地把硬币放进了小女孩的手里，然后径直离开了那家食品店。

玛丽虽然没有吃上那诱人的糖果，但她像吃到了糖果一样，感到非常甜蜜而幸福。

胎 教 心 语

生活在世上，不要忘了善良与关爱，这种美好的感情就像阳光，温暖着你身边的人，温暖着世界。赠人玫瑰，手有余香，这便是快乐的内涵！如果这是孕妈妈的信念，想必也会是以后宝宝的信念。

伯乐识马

有一次，伯乐受楚王的委托，寻找日行千里的骏马。伯乐跑了好几个国家，仔细寻访，还是没发现中意的良马。

一天，伯乐从齐国返回，在路上，看到一匹马拉着盐车，很吃力地在陡坡上行进。马累得气喘吁吁，每迈一步都十分艰难。马见伯乐走近，突然昂起头来瞪大眼睛，大声嘶鸣，伯乐立即从声音中判断出，这是一匹难得的骏马。

伯乐对驾车的人说："这匹马在疆场上驰骋，任何马都比不过它，但用来拉车，它却不如普通的马。你把它卖给我吧。"

驾车人认为伯乐是个大傻瓜，毫不犹豫地同意了。伯乐牵马来到楚王宫，拍拍马的脖颈说："我给你找到了一个好主人。"

千里马好像明白伯乐的意思，抬起前蹄把地面震得"咯咯"作响，引颈长嘶，声音洪亮，直上云霄。楚王听到马嘶声，走出宫外。

伯乐指着马说："大王，我把千里马给您带来了。"楚王见伯乐牵的马瘦得不成样子，有点不相信，说："你买的是什么马呀，这马连走路都很困难，能上战场吗？"

伯乐说："这确实是匹千里马，只要精心喂养，不出半个月，一定会恢复体力。"楚王有点将信将疑，命马夫细心喂养，果然，马变得精壮神骏。楚王跨马扬鞭，但觉两耳生风，喘息的工夫，已跑出百里之外。

后来这匹千里马为楚王驰骋沙场立下不少功劳。

胎 教 心 语

　　把一匹战马用来拉盐车，实在是一种悲哀。不同的宝宝具有不同的特质，其实在胎宝宝期间就体现出来了，比如，有的胎宝宝听到柔和的音乐会安静下来，有的胎宝宝听到活泼的音乐会变得好动。孕妈妈要仔细体会，只要顺应胎宝宝的特点和爱好，让他自由发展，每个胎宝宝都可以成为"千里马"。

咕咚来了

　　一天早晨，湖边寂静无声，两只小兔正玩得高兴，突然，湖面传来"咕咚"的一声。这个奇怪的声音把小兔吓了一跳，它们竖起耳朵正不知如何是好，又是一声"咕咚"传来。

　　这声音它们从来没有听到过，想起昨晚妈妈讲过的怪物故事，小兔们害怕了："咕咚来了，快逃呀！"于是，它们转身就跑。

　　小猴子正在吃桃子，和跑来的兔子撞了个满怀。一听"咕咚"来了，小猴子也紧张起来，扔掉了桃子就跟着跑。

　　它们又惊醒了睡觉的小熊，迷迷糊糊的小熊还没弄清是怎么回事，也跟着跑了起来。狐狸看到了，感到十分奇怪，拉住小熊问个为什么。

　　小熊气喘吁吁地说："咕咚来了，赶快跑吧！"狐狸虽然聪明，也想不明白是怎么回事，也跟着跑了起来。于是一路上跟着跑的动物越来越多，连老虎也在队伍里。

　　别的动物一看胆子这么大的老虎也跟着跑，自己更是争先恐后了。这阵骚乱使大象感到十分惊奇，它拦住了这群吓蒙了的伙伴们，问："出了什么事？"大家实在跑不动了，只好停下来，七嘴八舌地形容"咕咚"是个多么可怕的怪物。

　　大象又问："你们谁见到了？"这时，狐狸推小熊，小熊推小猴，小猴推小兔，结果谁也没有亲眼看见。

　　大家决定回去看看明白再说。回到湖边，又听见"咕咚"一声，仔细一看，原来是木瓜掉进水里发出的声音，众动物不禁大笑起来。

胎 教 心 语

　　这个故事很有意思。这些动物之所以一个跟着一个地跑起来，是从众心理在作怪，更是因为在它们心里早已存在一个"怪物"。孕期的孕妈妈很敏感，总是担心这担心那，战胜这些小"怪物"，准爸爸一定要多想办法啊。

肉被谁吃了

一提起老钱，大家都称赞他是最聪明的人，没有事情可以难倒他，也别想骗到他。

有一天，老钱买了2斤肉回来，吩咐妻子用这些肉做一顿饺子，打算两个人美美地吃一顿。妻子满口答应，把肉接了过去。

没想到，老钱的妻子特别馋又有点懒，不想做饺子，又急着想吃肉，就把肉炒熟，自己全部吃掉了，而后和了面，擀了一叠饺子皮放在碗里。

晚上老钱回来了，要饺子吃，妻子就把那碗饺子皮端了过来，放到老钱的面前。老钱奇怪地看着饺子皮，问妻子道："饺子呢？"妻子说："我切好肉，和好面，就擀饺子皮了，谁知道我擀饺子皮的时候，你那只该死的猫把肉全部吃光了。"

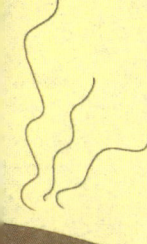

老钱一副恍然大悟的表情"哦"了一声，就吩咐妻子把猫抓来，自己则拿来了一杆秤。妻子把猫抓来了，老钱顺手把它放到秤上，不多不少正好2斤。

这时，老钱紧紧盯着妻子，一脸疑惑地问妻子："我的妻呀，如果这是猫的话，肉在哪里？如果这是肉的话，那么猫在哪里？"

妻子看出老钱已经猜到自己撒谎了，然后害羞地笑了。

胎 教 心 语

孕期的孕妈妈也许会变得又懒又馋，准爸爸可不要像老钱那样"聪明"哦，最好的方式是学会做更多好吃的、营养的食物给孕妈妈吃，因为怀胎十月是一件特别辛苦的事情。但是也要注意帮助孕妈妈控制饮食量，因为摄入过多的营养，会让孕妈妈生产变得困难。

王羲之劝子于学

　　晋代书法家王献之自小跟父亲王羲之学写字。有一次，他要父亲传授习字的秘诀，王羲之没有正面回答，而是指着院里的十八口水缸说："秘诀就在这些水缸中，你把这些水缸中的水写完就知道了。"

　　王献之心中不服，认为自己人虽小，字已经写得很不错了，下决心再练基本功，在父亲面前显示一下。

　　他天天模仿父亲的字体，练习横、竖、点、撇、捺，足足练习了两年，才把自己写的字给父亲看。父亲笑而不语，母亲在一旁说："有点像铁划了。"王献之又练了两年各种各样的钩，然后给父亲看，父亲还是不言不语，母亲说："有点像银钩了。"王献之这才开始练完整的字，足足又练了四年，才把写的字捧给父亲看。王羲之看后，在儿子写的"大"字下面加了一点，成了"太"字，因为他嫌独生子写的"大"字架势上紧下松。母亲看了王献之写的字，叹了口气说："我儿练字三千日，只有这一点是像你父亲写的！"王献之听了，这才彻底服了。从此，他更加下功夫练习写字了。

　　王羲之看到儿子用功练字，心里非常高兴。一天，他悄悄地走到儿子的背后，猛地拔他执握在手中的笔，没有拔动，于是他赞扬儿子说："此儿后当复有大名。"王羲之知道儿子写字时有了手劲，这才开始悉心培养他。后来，王献之真的写完了这十八缸水，与他的父亲一样，成了著名的书法家。

胎 教 心 语

　　王羲之劝子于学，采用的是"不动声色"的方法。王羲之对儿子没有一句说教，却使王献之逐步懂得学无止境的道理，从小就开始确立严格的治学态度。胎教时，孕妈妈也可以在自己的肚皮上写一些爱的词语，让胎宝宝感知那份爱。

八、孕八月，耳聪目明

等待，是一种噬心的煎熬。当妈妈挺着大肚子，引来无数人祝福的目光的时候，我真的想快快见到你，我最爱的宝贝。

1.每月变化——孕妈妈陪胎儿一起成长

　　此时胎儿身体发育已算完成，肌肉发达，皮肤红润，皮下脂肪增厚，体形浑圆，脸部仍然布满皱纹。神经系统变得发达，对体外声音有反应。胎儿动作更活泼，力量更大，有时会踢母亲腹部。此时胎儿头部朝下才是正常胎位。胎儿已基本具备生活在子宫外的能力，但孕妈妈仍需特别小心。

　　胎儿在孕妈妈的子宫里活动的空间越来越小，胎位相对稳定，身体蜷曲，头会转向朝下，为出生做准备。胎儿的指甲已经长出，皮肤不会像以前那样透明，而是呈淡红色，皮下脂肪日渐增多，对来自外界的声音更加敏感，能做出快速反应。

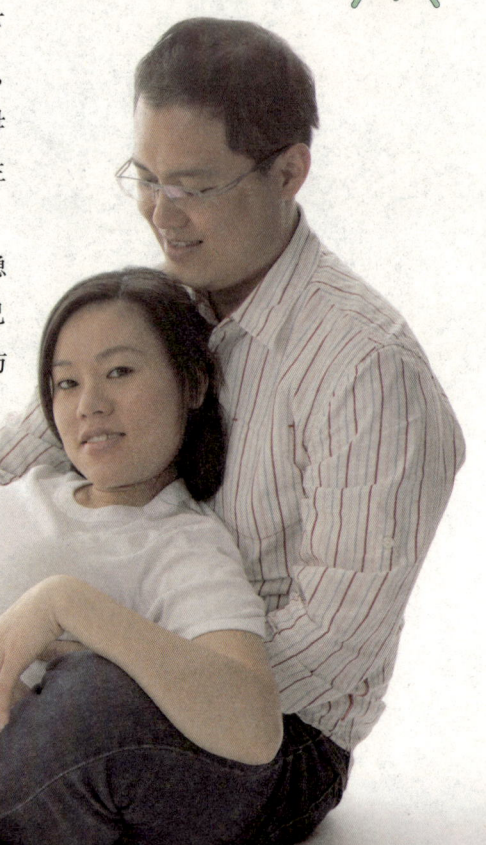

2. 胎教重点——梳理最适合您的胎教方法 ·················

（1）情绪胎教：努力保持心情愉快

怀孕后不要为别人的某句话前思后想，就做个单纯快乐的人吧，不需那么深沉，也不要那些无名的烦恼来打扰！有人说怀孕的女人最美丽，那种美丽是从心中溢出的幸福、满足的爱意！ 孕妈妈的美丽都是因为有了新的小生命！

（2）语言胎教：形象化、立体化的语言刺激

讲故事，朗诵童话或对话，应当先把自己要讲的内容过一遍，尽量讲得形象化一些，像是用摄像机镜头来展示画面一样，用自己的声音与画面结合，把想象出来的动态、画面、过程都用语言表达出来。

（3）光照胎教：帮助胎宝宝训练昼夜节律

怀孕第 8 个月时，每当胎宝宝在孕妈妈腹中活动时，他的手肘、小脚丫和头部可能会清楚地在孕妈妈的腹部突现出来，因为此时孕妈妈的子宫壁和腹壁已变得很薄了，因此会有更多的光亮透射进子宫，这会使胎宝宝逐步建立起自己每日的活动周期。光亮照进腹部的时候，胎宝宝会开始活动，到了晚上的时候，胎宝宝也会休息，逐渐地建立起了胎宝宝的每日活动周期。

（4）互动胎教：亲情互动的胎教游戏

怀孕晚期，是孕妈妈和胎儿体重增长最快，也是胎儿生长发育最快的时候，除了摄入必需的营养，同时注意适当控制体重外，与胎儿的亲情互动也很重要。经常与胎儿交流，对胎儿的智能和感觉发育都有益处。不妨常与胎儿一起做做胎教游戏。

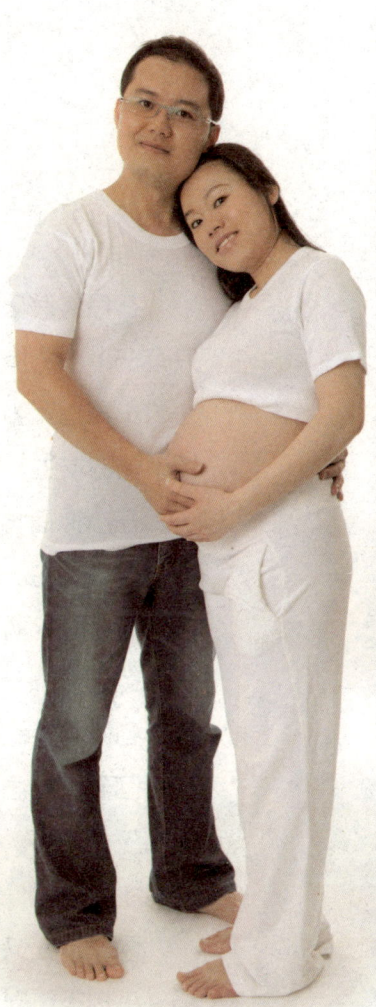

3. 胎教故事——成长在爱与智慧的环境中 ··················

聪明的小拇指

在很久很久以前，一户人家生有七个男孩，最小的男孩出生的时候很瘦小，只有一个小拇指大小，因此父母给他取名小拇指。

小拇指沉默寡言，父母以为他智力有问题。其实小拇指一点都不傻，下面这件事情的发生，便可以证明。

在小拇指七岁这年，发生了饥荒，家里的日子很不好过，而孩子们都还小，不能自己谋生。父母看着孩子们挨饿，很痛苦，就商量着要把他们都扔掉。看不见他们，可能就不会这么心痛了。

第二天，父母带着孩子们到森林里去打柴，这个森林非常茂密，隔十步远就看不到彼此。趁着孩子们不注意，父母悄悄跑了，把他们留在了森林里。

回到家以后，父母万分懊悔，比看着孩子们挨饿更痛苦，他们再也见不到他们的孩子们了。突然，父母听到孩子们在家门外一起喊爸爸妈妈，他们高兴地出去抱住了他们，说以后再也不会把他们丢掉了。

原来，在父母们商量把他们扔掉的时候被小拇指听到了，为了能记得回家的路，小拇指事先准备了很多鹅卵石，沿途撒下，等父母走后，小拇指就带着哥哥们顺着这些鹅卵石找回了家。

胎 教 心 语

孕妈妈在怀孕期间，身体上会有较多不适症状，不要责怪胎宝宝，更不要说什么不要他的话，更不应该真的不想要胎宝宝，像小拇指的父母那样做。胎宝宝能感觉到这些情绪，以后的亲子感情也会受到影响。

两只小羊过桥

在茫茫的大草原上，一条东西方向的小河穿流而过。虽然小河不太宽，但要涉水而过也不太安全，必须要走一条小桥。

小河的南北方向分别住着两只小羊，河南面为小白羊，河北面为小黑羊。但是小白羊的姥姥住在河北，而小黑羊的爷爷则住在河南，它们每次去探望姥姥或者爷爷都要经过那座小桥。

这天，天气很好，小白羊和小黑羊不约而同分别去看姥姥和爷爷，可不巧的是，它们同时到达了小桥，走到桥中间就相遇了。

小桥很窄，它们无法擦肩而过，于是小白羊开口了："你退回去，让我先过去！我要去看姥姥。"但是小黑羊丝毫没有退让的意思，反而说："你退回去，我还要去看我爷爷呢！"于是它们就站在桥中间争吵不休，各不相让。

眼看到中午了，小白羊想着姥姥肯定已经准备好了鲜嫩的青草蛋糕等着自己呢，小黑羊也想着爷爷肯定给自己准备好了清香的青草点心，可是又过不去，就都生起气来。

小白羊高声叫着："你再不让，我就撞你了。"小黑羊也不示弱："撞就撞，我怕你啊。"话音刚落，两只小羊小腿用力，蹄子蹬得桥面"噔噔"响，向对方用力撞去，"咚"的一声，两只小羊的头撞在了一起，桥面太窄，只听见"扑通、扑通"两声，都落水了。呵呵，这下它们都不用走桥了，可以涉水过河了。

胎 教 心 语

怀孕期间，孕妈妈要学会宽容、礼让，不要拥挤、争抢，这样不但直接保护胎宝宝的安全，还能让自己的心态保持轻松、愉快，好心情本身就是好胎教。

白雪公主

从前，有一个可爱的小公主，她的皮肤像雪一样白，大家都叫她白雪公主。

白雪公主的母亲离开得早，父亲迎娶了一位新王后。她很美丽，却嫉妒别人比她漂亮。王后有一面魔镜，照镜子时，魔镜总是告诉她："你是世界上最美丽的女人。"

白雪公主长大了，魔镜就对王后说："白雪公主现在比你美丽。"王后很生气，她找来一个猎人，让他把白雪公主带到森林里杀掉。猎人不忍心杀掉美丽善良的白雪公主，就对她说："你赶快逃吧！"白雪公主在森林里走啊走，她发现了一间小木屋。

白雪公主走进木屋，里面的东西都很小，她很快就在一张小床上睡着了。晚上，小木屋的主人回来了。他们是七个小矮人。他们发现了睡着的白雪公主，便叫起来："这个小姑娘长得真漂亮。"白雪公主被吵醒了，七个小矮人把她吓了一跳，后来看见他们非常善良，就讲述了自己的遭遇。小矮人很同情她，就收留了她。

王后很快就从魔镜那里知道了白雪公主还活着。于是，她将自己打扮成老太婆的样子，提着一篮苹果，来到小木屋前敲开门说："小姑娘，送一个给你吃吧。"白雪公主才咬了一口苹果，就倒在地上昏了过去。原来，王后在苹果上涂了毒药。

七个小矮人回家后，想尽一切办法也没有把白雪公主救活。他们舍不得把她埋在地里，就请人做了一口透明的玻璃棺材，每天由一个小矮人守着。

一天，一位英俊的王子路过。他看见白雪公主静静地躺着，像活着一样，美丽极了。最后，王子情不自禁地俯身吻了她。突然，白雪公主从口中吐出了吃进去的苹果。原来是王子对公主的爱，使毒苹果失去了魔力。

王后知道了这件事，一下子把嘴巴气歪了，变成了世界上最难看的女人。

胎 教 心 语

　　人不是因为美丽才可爱，而是因为可爱才美丽的。故事中，王后和白雪公主都是美丽的，但白雪公主却得到了猎人、七个小矮人、王子的爱护。正是因为白雪公主的善良和可爱，使她过上了幸福的生活。

青蛙王子

很久很久以前，在一个国家里有好几位公主，其中小公主最善良、漂亮。

有一天，小公主到森林里的一口井边玩耍，手里还拿着她最喜欢的小金球。她坐在井台上，手里拿着金球，抛上抛下，玩得正高兴，一不小心，手里的金球掉到井里去了。这是小公主最喜欢的玩具，井深不见底，可怎么办呢？

小公主站在井台边哭呀哭呀，哭得正伤心时，一只青蛙跳出来说他能帮助小公主到井底把金球捡上来，小公主很高兴地感谢青蛙并承诺道："你要是能帮我把小金球捡上来，我愿意给你任何报酬，只要你要，都可以给你。"但是青蛙说："别的东西我都不需要，我只想要得到你的爱，就像你爱你的朋友一样，肯亲吻我一下，我就去捡金球。"小公主一口答应，青蛙跳到井里后，没一会儿金球就被捡上来了。

小公主捡起金球，看青蛙身上滑溜溜的，一点都不可爱，就犹豫着不肯亲吻青蛙，但是青蛙恳求道："求求您，只要您肯亲吻我，我身上的咒语就可以解除。"小公主心软了，她弯腰捧起青蛙，真的亲吻了青蛙。一眨眼的工夫，青蛙变成了一个王子，长得帅气又迷人，他身上的咒语被解除了。

青蛙王子也爱上了善良的小公主，日复一日，年复一年，他们都长大了，后来他们结婚，永远幸福地生活在一起了。

胎教心语

　　小公主因为帮助了青蛙，得到了青蛙王子的深爱，帮助别人是一件愉悦的事情。在孕期，孕妈妈常常是众人关注和帮助的对象，孕妈妈得到帮助的时候，可以讲述给胎宝宝听，告诉胎宝宝自己得到了怎样的帮助，这些帮助对自己有什么意义，并且要求胎宝宝将来也做一个乐于助人的孩子。

汉斯成亲

从前，有个农民，名字叫汉斯，生活很穷困，可他表哥就想给他找个有钱人家的姑娘做妻子。

一天，表哥把汉斯叫来，让他坐在火炉边，给他一罐牛奶和一些白面包，还塞了一个银币在他手里，叮嘱他："把银元捏牢，把白面包慢慢掰碎放进牛奶里。记得一定要慢，慢到我回来，你还没有掰完。"汉斯不明原因，但还是答应了。

表哥穿着一条打着很多补丁的旧裤子去了邻村一家有钱人家，向他家提亲，并说求亲者家境很不错："住得暖和，手里有钱，有牛奶，有白面包，田产不比我身上的补丁少。"姑娘的父亲跟着表哥悄悄来看了一眼汉斯，果然一切都像表哥说的一样。

结婚的日子订下来了。婚后，姑娘想看看汉斯的田产，汉斯脱下礼服，换上打满补丁的衣服带着妻子向田野走去。每走过一片田产，汉斯就指着自己的衣服补丁说："这一块是我的。"或者说："那一片也是。"当然也是指着自己的补丁。

汉斯说的没错，这补丁衣服确实是汉斯自己的。

胎 教 心 语

这个故事透着一种掩饰不住的幽默。孕妈妈也可常常自己幽默一下，身材、皮肤的变化可能让自己感觉不安，有些担忧，可以把这些作为幽默材料，用幽默的眼光看自己那些恼人的变化，心情就会好的。

七色花

有一天，小姑娘珍妮在树林里迷路了，着急地哭了起来。

这时，树林里走出一个老婆婆问珍妮怎么了，珍妮告诉了老婆婆原委，老婆婆听完便送给珍妮一朵七色花，并告诉她如何使用七色花来实现自己的愿望后就不见了。这朵花有七片花瓣，每片颜色都不一样，有红、黄、蓝、绿、青、紫和橙色。

珍妮揪下了红色花瓣，说："飞呀，小花瓣，请你送我回家去。"说完，珍妮就真的回到家中了。珍妮回家后，不小心把花瓶打碎了，珍妮对黄色花瓣说："飞呀，小花瓣，把花瓶复原吧。"花瓶立即就恢复了原状。

珍妮来到花园里，看见男孩子们爬山，就让蓝色花瓣把自己送上最高的山顶上去，马上珍妮就在山顶了。后来珍妮让绿色花瓣把自己送回花园，让青色花瓣把小朋友的玩具都归自己，让紫色花瓣把玩具都送回去，这些都一一实现了。

现在，珍妮手中只剩下一片橙色的花瓣了。珍妮想："我已经用掉六片花瓣了，可是一点快乐都没得到，最后一片一定要好好用。"

一天，珍妮在大街上看到一个坐在轮椅上的小男孩吃力地用双手摇着轮子往前走，就对橙色花瓣说："飞呀，小花瓣，请你让小男孩健康起来。"小男孩马上就从轮椅上站起来了。小男孩和珍妮一起跑到花园里，跑啊，跳啊，玩得非常开心，珍妮终于得到了快乐。

胎 教 心 语

　　珍妮实现的前六个愿望都没能让她得到快乐，只有最后一个愿望实现了，她才真正快乐起来，只有付出才能获得快乐。孕妈妈对胎宝宝也是这样，付出越多，爱就越深，这样的胎教效果是非常好的。

水晶姑娘

　　水晶姑娘是个玻璃人，她透明而美，嗓音也特别好听，大家都喜欢听她唱歌。

　　爸爸妈妈自然很喜欢她，但总担心她会碎掉，妈妈就经常给她系上一条蝴蝶结，在上面绣上"易碎"两个字，以防别人不小心伤到她。

　　人们喜欢水晶姑娘还有一个原因，就是水晶姑娘非常诚实，从来不说谎话，只会说真话，如果说谎话，水晶姑娘就会碎裂。

　　这天是水晶姑娘的生日，爸爸给了她一百块钱，让她去玩。可是，刚离开家不久，水晶姑娘就发现她的钱丢了。水晶姑娘找啊找啊，怎么也找不到，她的水晶心"叮当、叮当"地响起来，她的眼睛里也满是晶莹的泪水。

　　天晚了，水晶姑娘不得不回家去。回到家，爸爸问她："今天玩得好吗？"水晶姑娘点点头，这时她听到身体里"咔嚓"响了一声，水晶姑娘走进屋里躺下，这时妈妈来看她，问她："你玩得好吗？"水晶姑娘刚说："好。"她的身体就突然炸裂了，发出了可怕的声音，水晶姑娘碎成了一千块碎片。

　　妈妈找到接骨医生，把破碎的一千块碎片接好了，可是水晶姑娘却再也不能动了，她变成了一尊雕像。

胎 教 心 语

　　水晶姑娘只要说谎话就会碎裂。孕妈妈读这个故事的时候，可以给胎宝宝描述一下水晶的样子，告诉胎宝宝水晶的特性，并说明透明、晶莹这些词与诚实的关系。

一字之师

唐朝有个和尚，法号叫齐己。

齐己和尚很喜欢写诗，写得也很好，可算是所谓的"诗僧"。他有个好友叫郑谷，也是当时的诗人。因为他们都写诗，自然能谈得来。

有一次，齐己写了一首诗，叫《早梅》，其中有这么两句："前村深雪里，昨夜数枝开。"

过了几天，郑谷来串门。齐己对他说："我写了一首诗，你给我看看怎么样？"

郑谷看了半天，说："写得好，意境很好，情致也很高。但有一点，你写的是早梅，前村深雪里，昨夜数枝开。早梅就是早开的梅花，一般不会数枝开，数枝就是开了一片啦，我觉得应该把数枝改成一枝。前村深雪里，昨夜一枝开，这就显得这梅花是早开的梅花。"

齐己一听，恭恭敬敬地向郑谷拜了一拜，说："改得好！你真是我的一字之师啊！"

因为郑谷只提出一个字的修改意见，但却堪称老师，所以叫一字之师。

胎 教 心 语

汉字是神奇的，一些好句子，经旁人改换一个字、一个词后，就变得更完美，意境更好，画面感更强。孕妈妈可以在孕期多给胎宝宝读一些好的文学作品，这对今后提升宝宝的文学素养极有好处。

大山的回音

有一个小孩跑到山上玩，无意间对着山谷喊了一声："喂——"声音刚落，从四面八方传来了阵阵"喂——"的回声。

大山答应了，孩子很惊讶，又喊了一声："你是谁？"

"你是谁？"大山又回音。

孩子喊："为什么不告诉我？"

大山也说："为什么不告诉我？"

小孩忍不住生气了，喊道："我恨你。"他哪里知道这一喊不得了，整个世界传来的声音都是："我恨你，我恨你——"

小孩哭着跑回家，告诉了妈妈，妈妈对孩子说："孩子，你回去对着大山喊'我爱你'，试试看结果会怎样，好吗？"

孩子又跑到山上，果然这次孩子被包围在"我——爱——你，我——爱——你——"的回声中。

孩子笑了，大山也笑了。

胎 教 心 语

这个故事告诉我们一个道理：想让别人爱你，你就得先去爱别人。进一步想，胎教的过程，就是一个"大山的回音"的过程。孕妈妈心情愉快，胎宝宝也会心情愉悦；如果孕妈妈心事重重，胎宝宝也会不高兴。孕期的艰辛对孕妈妈的身心都是一种考验，孕妈妈一定要时刻保持好心情。

查道吃枣留钱

宋朝有一个人叫查道，是一个品德高尚的人。

一天早上，他和仆人挑着礼物去看望远方的亲戚。不知不觉到了中午，两个人都饥肠辘辘，可路上一直见不到有什么酒家饭铺。怎么办呢？仆人说："不如从送人的礼物中拿一些东西来吃吧，就当我们少送他们一点礼物。"查道说："那怎么行呢，这些礼物既然要送人，便是人家的东西了。我们这么吃掉，岂不就是偷吃？"仆人也不再说什么，两人只好饿着肚子继续赶路。

两个人就这么一直走，还是看不到什么饭铺和人家。这时，一个枣园出现在他们眼前。正值枣子成熟的季节，枣树上挂满了诱人的枣子，十分招人喜爱。查道和仆人本来已经饿得发慌，看到这些枣子，更觉得饥饿难耐。两个人便停了下来，查道叫仆人去树上采些枣子来吃。他说："少摘一些，够我们吃就可以了！"

两人吃完枣，查道拿出一串钱，挂在了采过枣子的树上。仆人奇怪地问："这是什么意思？"查道说："吃了人家的枣子，就应该给钱。"仆人说："枣园的主人不在，别人也没看见，不就是几个枣子吗，何必这样认真呢？"查道严肃地说："讲诚实是人应有的道德，虽然枣园的主人不在，也没有别人看见，但我们既然吃了人家的枣子，就应该给钱。"

胎教心语

孕妈妈可以把这个故事继续讲下去，问一下宝宝，查道挂在树上这串钱，是不是又会被别的行人看到后拿走呢？枣园的主人看到这串钱又是怎样的态度？每个故事讲完后，孕妈妈都可以发挥自己的想象，寻找对胎宝宝进行胎教的素材。

九、孕九月，蠢蠢欲动

阳光散漫在春天的牧野上，我听见远方有鸟儿在轻声歌唱，是你吗？我的宝贝，为了你的到来，我已做好了准备，你呢？

1. 每月变化——孕妈妈陪胎儿一起成长

此期是孕妈妈妊娠以来最烦恼的时期，增大的子宫对胃和心脏的压迫更加严重，孕妈妈会表现出气喘、呼吸困难、胃胀等不适症状。此期的阴道分泌物增多，以起到适应分娩，保护阴道的作用。子宫压迫膀胱更甚，尿频现象更加严重。此时有些人可能有轻微宫缩。

胎儿9个月了，每天会按照孕妈妈的作息时间休息、醒来，当然胎儿没有成人那么有精力，醒来玩一会儿，可能又进入睡眠状态。从外面来看，皮下脂肪更加丰富，全身变圆润，胎毛稀疏，头发长长了。

2. 胎教重点——梳理最适合您的胎教方法 ·················

（1）营养胎教：多吃富含膳食纤维的食物

孕9月的孕妈妈由于胃酸减少，体力活动减少，胃肠蠕动缓慢，加之胎儿挤压肠部，肠肌肉乏力，常常出现肠胀气和便秘，严重时可发生痔疮。为了防治便秘，孕妈妈应养成每日定时大便的好习惯，要有适当的活动，要多喝水，还要多吃含粗纤维较多的食物。

（2）语言胎教：母子"对话"开始了

胎儿具有辨别各种声音并能做出相应反应的能力，孕妈妈应该抓住这一时机经常对胎儿进行呼唤训练，也可以说是"对话"。孩子出生就会马上识别出父母的声音，刚来到这个完全陌生的世界时如果能听到一个他所熟悉的声音，对他来说是莫大的安慰，同时消除了由于环境的突然改变而带给他心理上的紧张与不安。

（3）抚摸胎教：关注宝宝的回应

妊娠9个月后，由于胎儿的进一步发育，孕妈妈或准爸爸用手放在孕妈妈的腹壁上，便能清楚地触到胎儿头部、背部和四肢。此时，可以轻轻地抚摸胎儿的头部，有规律地来回抚摸宝宝的背部，也可以轻轻地抚摸宝宝的四肢。胎儿感受到触摸的刺激，可做出相应的反应，有利于感觉系统、神经系统及大脑的发育。用触摸方式实施抚摸胎教最好定时，可选择在晚间9时左右进行，每次5~10分钟。

3. 胎教故事——成长在爱与智慧的环境中 ⋯⋯⋯⋯⋯⋯⋯⋯

小老鼠偷油喝

　　小老鼠喜欢偷油喝，有一天，三只小老鼠找到了一个油缸，可是里面的油太少了，谁都够不着。

　　三只小老鼠想了个好办法，就是一只咬着另一只的尾巴，把前面的一个倒吊着下去，等它喝完了，就吊上来，换第二只去喝，这样每只小老鼠都能喝到油了。

　　办法有了，马上就干。第一只小老鼠吊下去了，边喝油边想："油只有这么一点，幸亏我第一个下来，可以先喝个饱。"

　　第二只小老鼠看第一只小老鼠喝个没完，着急地想："它喝这么多，轮到我不就没有油喝了？不如把它放开，我也跳下去喝吧。"第二只小老鼠这么打算的时候，第三只小老鼠也在打算："第一只喝了这么多，第二只再喝，它们两个喝完了，哪还有我的份？"于是，第二只小老鼠就把第一只小老鼠的尾巴放开了，第三只小老鼠也把第二只小老鼠的尾巴放开了。

　　于是，三只小老鼠一起跳到油缸里喝油，它们都喝到了分量差不多相等的油，但是它们却再也爬不上来了。

胎教心语

　　与其说这个故事告诉我们一个道理，还不如说呈现给了孕妈妈一幅生动的画面。读这个故事的时候，脑海里不由浮现三只憨态可掬有着小心眼的小老鼠，孕妈妈是不是忍俊不禁呢？把这种快乐的情绪传达给胎宝宝吧。

小鸡叽叽

有一只小鸡，它的名字叫叽叽。

一天，叽叽在花园里散步，一片树叶落在它的尾巴上，它被吓坏了，撒腿就跑，一边跑一边想，天塌下来了。

叽叽正跑着，迎面碰到了另一只小鸡哼哼。"哎呀，哼哼，"叽叽气喘吁吁地说，"天塌下来了。"

"你怎么知道？"哼哼问。

"哎呀，我亲眼看见，我亲耳听见，一个碎片砸在我的尾巴上。"叽叽说。

"那我们赶快去报告国王。"哼哼说。

于是，它们一块儿拼命地跑。正跑着，它们碰到了小鹅咕咕。"哎呀，咕咕，"叽叽上气不接下气地说，"天塌下来了。"

"你怎么知道？"咕咕问。"哎呀，我亲眼看见，我亲耳听见，一个碎片砸在我的尾巴上。我们正要赶去报告国王。"叽叽说。

"我也去，行吗？"小鹅说。"噢，当然行。"

于是，它们一块儿拼命地跑。它们碰到了狐狸猾猾。"哎呀，"叽叽气都快喘不上来了，说，"天塌下来了。"

"你怎么知道？"猾猾问。"哎呀，我亲眼看见，我亲耳听见，一个碎片砸在我的尾巴上。我们正要赶去报告国王。"叽叽说。

"那快跟我来吧，我刚才看见国王了，我带你们去。"猾猾说。于是，小鸡叽叽、哼哼，小鹅咕咕，都跟着狐狸猾猾跑，猾猾把它们带进了自己的洞穴，于是，它们都变成了猾猾餐桌上的一道美味。

胎 教 心 语

　　遇到事情先不能慌张，仔细查看一下，这样就不会被表象误导了。如果孕妈妈在胎教期间遇到任何有疑惑的事情，也不要随意主观地判断，除了注意观察外，还要随时咨询相关专业人士。

谁是真正的母亲

　　两个女人为了争夺一个婴孩而吵起来，她们俩各自都说自己是婴孩的母亲，一直争执不下，最后，她们决定去找法官判决。

　　法官听了她们双方的话，想出了下面的考验办法：他叫两个女人当着他的面解决谁是婴孩的真正母亲的问题。

　　法官命令两个女人同婴孩站在法官面前（他派人在后边扶住婴孩），谁能把婴孩拉到自己的身边，婴孩就是谁的！两个女人每人拉着婴孩的一只手把婴孩往自己身边拉。

　　婴孩痛了，挣扎着放声大哭。听到婴儿的痛苦哭声，其中一个女人感到自己的心忍受不住这种考验，放了手。婴孩理所当然地留在另一个女人手里，婴孩的哭叫声丝毫不能感动她，她方才狠命地从对方的手中把婴孩夺了过来。

　　夺得婴孩的女人一脸得意之色。

　　"婴孩是输了的这个女人的！"法官宣布了判决结果，并解释说，"输了的女人显然是出于对婴孩的爱恋，为了使婴孩不受损伤才放开的。而你，"法官指着刚才还一脸得意的女人说，"你根本没有母爱的本能。"

胎 教 心 语

　　读这个故事的时候，孕妈妈肯定深有同感，爱胎宝宝，就会处处为了胎宝宝着想，根本不惜自己受到任何委屈。孕妈妈不要忘了经常向胎宝宝表达一下自己的爱哦。

买椟还珠

战国时候，有个楚国人，想卖掉他的一颗珍珠。这颗珍珠非常漂亮和珍贵，但他还是担心卖不出一个好价钱，就想把珍珠好好包装一下，抬高它的身价。

于是，这个楚国人买了一块名贵的木兰木，又请了一个手艺高超的工匠，做成一个精致的盒子，雕刻上漂亮的花纹，镶嵌上玫瑰和翡翠，看上去十分精美。

楚国人看这个盒子绝对配得上自己的珍珠了，就把珍珠放了进去，然后拿到市场上去卖。到了市场上，有一个郑国人，将盒子拿在手上翻来覆去地看，简直爱不释手，最后终于下定决心买了下来。

楚国人看珍珠卖出好价钱，也很满意，准备回家了。哪知楚国人没走几步，突然听到后面有人追赶他，回头一看是那个郑国人，手里举着那颗珍珠。楚国人还以为是郑国人后悔买了，心里想："我这么好的珠子还不值你这点钱吗？"

没想到郑国人追上他，把手里捏着的珍珠交给他，说："先生，你把这颗珍珠落在了盒子里，我特地拿回来还给你。"楚国人目瞪口呆地将珍珠接过来，看着郑国人拿着盒子边欣赏边走远了。

楚国人站在原地，觉得十分尴尬，不知道该庆幸还是该懊恼，到底是珍珠更有价值还是盒子更有价值呢？

胎 教 心 语

这个故事告诉人们认识事物要有眼光、懂得取舍，要看到事物的本质。珍珠是昂贵的，木盒比之珍珠是廉价的，但是很多时候，各花入各眼，就比如在孕妈妈腹中孕育的胎宝宝，他（她）可能像故事中的珍珠珍贵，也可能像故事中的木盒精美，但不管胎宝宝是什么样，孕妈妈都会义无反顾爱胎宝宝。

三个小板凳

爱因斯坦是世界著名的物理学家。他小时候并没有展现出过人的天赋，可是做起事来却十分认真。

他上小学时，有一次在手工课上，老师让同学们去做自己喜欢的小东西。爱因斯坦想做小板凳；同学们也各自施展本领，将自己的心灵手巧表现在自己制作的物品上。快要下课了，有的交上用黏土捏成的鸭子，有的交上用碎布做成的洋娃娃，还有的交出用各种颜色的蜡捏成的水果。他们将自己的作品高高举到老师面前，让老师看看自己是多么的出色。而爱因斯坦低着头，看着自己手里还未完成的小板凳，心里不是滋味。

第二天，爱因斯坦向老师交上了小板凳。小板凳简单而又粗糙，四个板凳腿有的长，有的短。老师看了有些失望，摇着头说："我想世界上没有比这更差的凳子了。"同学们都哄笑起来。

爱因斯坦脸上红红的，低声说："有，有比这更差的！"教室里一下子静下来，大家都迷惑不解地望着爱因斯坦。只见爱因斯坦回到自己的座位，从书桌里拿出两个更不像样的小板凳，那些板凳散了架似的，歪歪扭扭。

爱因斯坦说："这两个凳子是我第一次和第二次做的。交出的这个是第三次做的。虽然它还不能让人满意，可总比前两个要好些！"老师拿起三个小板凳端详了一会儿，又望望爱因斯坦，露出赞许的目光。

胎 教 心 语

故事里的爱因斯坦做事情特别认真，能一次比一次有进步，是值得我们去学习的。每一次的更好，才会积累成最后的最好。准父母要坚持每一天的胎教，这样，才会有更好的效果。

青蛙旅行家

有一只青蛙，看见野鸭在天上飞，很是羡慕。

一天，野鸭落到湖边休息，青蛙便上前对野鸭说："我也想飞上天空看看。"

野鸭说："可是你没有翅膀啊，怎么能够飞得起来呢？"

青蛙说："我有一个好办法。两只野鸭用嘴叼住一根树枝的两边，我再咬住树枝中间，你们一飞，就可以把我带到天空中了。"

就这样，青蛙真的被野鸭带上了天空。

开始时，青蛙在高空还很害怕，吓得喘不过气来，可后来，它渐渐习惯了。

它在空中东张西望，听见下面有人喊："野鸭真聪明啊，能想出这样的好主意啊！"

青蛙一听，忙张开嘴大声喊："不是野鸭，是我想出的主意。"

这下可不得了，它一下子从空中掉下来，重重地摔进湖水里。

胎 教 心 语

不可否认，这只青蛙很聪明，但很多时候，错误都是因为一时冲动而造成的。孕期里，准爸爸一定要照顾好孕妈妈，要避免情绪的大起大落。准爸爸也可以发挥想象，如果故事中开口喊的是野鸭，又是怎样的情形？

谁来守着马

聪明人阿凡提有一次被国王派去和一位丞相去外地办事。丞相骑着一匹白色的骏马，阿凡提骑的是一匹黑色的老马。

到了傍晚，他俩来到一个前不着村后不着店的野外，决定露宿。丞相对阿凡提说："阿凡提，这里常有野兽出没，还可能会有强盗，今晚请你守住这两匹马。"

"不，我不守，你自己守吧。我的马是黑色的，夜里野兽和强盗根本看不见它。"阿凡提说。

丞相一听阿凡提说得有道理，便对他说："如果那样，我们俩把马调换一下，我的这匹白色骏马归你，你的黑色老马归我。"

阿凡提高兴地与丞相调换了马，然后对丞相说："太好了，今夜就请您守护这两匹马吧！"

"为什么？"丞相问。

"现在我的马是白色的了，您的马是黑色的了，这黑咕隆咚的深夜，您也看不清您的马是被狼吃了还是强盗盗走了。而我的白色的马，我一眼就能看清它是否安在。"阿凡提说完便倒头睡觉去了。

丞相没办法，只好守了一夜。

胎 教 心 语

很多事情换个角度看就完全不一样了。故事中的阿凡提是乐天派，在任何情况下，他都能找到自己的马不会被偷的理由。准爸爸在给胎宝宝讲故事的时候，也可以叮嘱一下自己，凡事往好处想。特别是在孕期，准父母常常会忧心胎宝宝的健康状况，这个时候更要让她放轻松。

癞蛤蟆与钻石

有户人家有两个女儿，大女儿脾气很坏，小女儿性格柔顺。

因为大女儿像自己，母亲喜欢大女儿，家务活大都是小女儿干。这天，小女儿去泉边打水，一位可怜的老妇人来向她讨水喝。小女儿对老妇人说："没问题，老妇人，我马上打水给你喝。"她很快就打了一桶水，还双手帮忙捧着水勺，好让老妇人喝起水来更容易些。

喝完水后，老妇人说："孩子，你心肠真好，我要送你一件礼物，以后你每说出一句话，嘴里就开出一朵花或者掉下一件珠宝。"说完就不见了，原来这个老妇人是仙女。

小女儿回家后，一说话，嘴里就往外掉玫瑰、珍珠或钻石。

母亲很惊奇，就问是怎么回事，小女儿把在泉边发生的事告诉了她。

母亲心想这样好的事让大女儿碰上才好，就打发大女儿去打水，并叮嘱她有穷苦的老妇人跟她讨水喝就给她喝。

大女儿极不情愿地去了，这时有个年轻女人走过来跟她讨水喝，大女儿不耐烦地说："你不会自己打吗？你以为我是来给你打水喝的？"

年轻女人说："你一点礼貌也没有，我也要给你一件礼物，以后你每说一句话，嘴里就会蹦出蛇和癞蛤蟆。"说完就不见了，而她就是小女儿上次遇到的变成老妇人的仙女变的。

大女儿回到家里，母亲急忙问她有没有碰到仙女，大女儿一开口答话，嘴里就蹦出了蛇和癞蛤蟆。

胎 教 心 语

　　准爸爸如果给胎宝宝做对话胎教，语言要尽量准确、优美，如果有说粗话的习惯，一定要改过来。因为胎宝宝出生后会模仿的哦。

小蜗牛作证

　　菜地附近，几条小青虫正商量着要去菜地偷青菜。可是菜地上空小麻雀正在巡逻，必须把它引开，才能偷到菜。于是一条小青虫过来对小麻雀说："我是来请你去听青蛙演唱会的！"

　　小麻雀最爱听音乐，听小青虫这么一说，连忙飞走了。等小麻雀飞远后，小青虫赶忙去叫来伙伴们，在菜地里大吃起来。

　　小麻雀找了半天，才在一个池塘边找到了小青蛙。小麻雀一问小青蛙，才知道上了小青虫的当，它叫了一声"不好"，快速飞了回来。

　　等小麻雀飞到菜地时，菜地已被小青虫们糟蹋得不像样子了；再找小青虫，它们早就溜了。

　　小麻雀找到森林法官猫头鹰告状，法官派人抓来了小青虫。小青虫矢口否认，说："小麻雀说我吃了青菜，有证人吗？"法官虽然怀疑是小青虫干的坏事，但没有证人，怎么判罪呢？

　　正在这时，一只蜗牛慢慢地爬了过来，要求当证人。小青虫问："蜗牛，我们吃菜时你在干什么，你是怎么看见的？"

　　蜗牛说："我正躲在壳里休息。"

　　"胡说八道，你躲在蜗牛壳里怎么能看见外边的事情？"小青虫以为抓住了蜗牛的把柄。

　　法官说："哈哈，这你们就不懂了，蜗牛可以通过弯曲的管径看外边，像潜望镜一样！"小青虫张口结舌，只好乖乖地认错。

胎 教 心 语

　　故事中的小青虫自以为自己做的坏事神不知鬼不觉，却没有发现躲在蜗牛壳里的小蜗牛。准爸爸在讲这个故事的时候可以告诉胎宝宝，不管在什么时候都要严格要求自己，在做坏事的时候，"小蜗牛"可能无处不在哦。

海瑞巧治纨绔

　　海瑞是明朝的著名清官，有关他斗贪官的故事在民间广为流传。

　　一次，浙闽总督胡宗宪的儿子胡公子带着父亲的亲笔信和家丁外出，一路上游山玩水，弄得鸡飞狗跳。而各地官员见是当朝相国严嵩的红人胡宗宪的儿子来了，哪敢怠慢。

　　这一日，胡公子准备到淳安县去，于是派家丁拿着父亲的信前去安排。淳安县驿丞接到信犯了难，忙向知县海瑞请示。驿丞说："照朝廷章程，我们完全可以不接待，不过这样怕胡大人会责怪。"海瑞沉吟片刻说："如有空房子，就让他们住下，一日三餐按一般人的伙食标准招待就是了。"驿丞担心这样会得罪胡大人，海瑞笑着说："我是一县之主，不管出什么事，我承当。"

　　过了几日，胡公子前呼后拥来到了淳安。招待时，他见饭桌上只有瓜豆蔬菜，大为不满，就让家丁打了驿丞。这时，县里的捕快飞马赶到，把胡公子和众家丁统统押到了衙门。众人都为海瑞捏了一把汗，海瑞却不慌不忙地说："你可知道朝中严相国曾再三夸奖胡大人的清廉正直？"胡公子一听，十分得意："既然你知道严相国十分看重我父亲，那还不快向我赔罪！"海瑞喝道："你胡作非为，哪里像胡大人？"海瑞一拍惊堂木："你分明是冒充官亲，招摇撞骗，败坏胡大人名声，快与我打他四十大板，然后收监！"

　　退堂后，驿丞说："大人，他的确是胡公子啊！"海瑞笑道："我不说他是冒充官亲，怎么能打他四十大板呢？"

　　海瑞将冒充官亲之事写了公文呈报上级，说犯人带有盖着总督府朱印的信，请求彻底追查。各地官员也不敢沾手此事，忙把胡公子解送到胡大人那里。海瑞为了"维护"胡大人的名声，查办了冒充官亲的游民，胡大人也只能吃个哑巴亏。

你胡作非为，
哪里像胡大人？

胎教心语

　　故事中，海瑞惩罚了胡公子让人心大快。但胡公子的那封信——可以倚仗它走南闯北，却让人有着更多思考。"那封信"可代表父母给予孩子的东西，在当前社会，父母们都该留给孩子什么呢？是一笔财富，还是一个好的教育？相信每个父母都有自己正确的思考。

十、孕十月，最美啼哭

> 十月漫长的等待，终于等到了你瓜熟蒂落的这一天，期待你最美的一声哭喊，划破整个寂寥等你的夜晚……

1. 每月变化——孕妈妈陪胎儿一起成长

随着胎头入盆，胎体下降，子宫底也有所下降，子宫对胃、心脏的压迫减轻，呼吸、食欲好转。然而子宫对膀胱和盆腔器官的压迫却加重了，尿频、便秘更加明显。阴道分泌物增多，阴道口湿润，阴道和会阴部皮肤、黏膜变厚、肿胀、柔软而有弹性。这时孕妇常常感到子宫收缩，使腹部皮肤发胀，将手放在腹部上，会感到腹部发硬。如子宫收缩每天反复出现数次，即为临产前兆。

大多数的宝宝都将在本月最后两周出生，但真正能准确地在预产日期出生的胎儿只有5%，预产期是有合理误差的，在预产日前后两周出生都是正常的。但如果在预产日后两周还没有临产迹象，特别是胎动明显减少时，就应该立即就诊，尽快使宝宝娩出。

2. 胎教重点——梳理最适合您的胎教方法 ·················

（1）营养胎教：为临产储备能量

孕妈妈随时都有可能面临分娩，所以此时营养胎教的重要任务就是为临产贮备能量。孕妈妈这个阶段应该多吃富含蛋白质、糖类等能量较高的食品。保证足够的营养，不仅可以供应胎宝宝生长发育的需要，还可以满足自身子宫和乳房增大、血容量增多，以及其他内脏器官变化所需求的"额外"营养。

（2）音乐胎教：继续听音乐吧

10个月的等待，只为这"瓜熟蒂落"的一天。孕妈妈是不是迫不及待？与其在坐立不安中迎接胎宝宝，不如放松下来继续听听音乐吧。也许以后这些胎宝宝在孕妈妈肚子里听过的音乐，就是你哄他入睡时最好的摇篮曲。

（3）情绪胎教：平静地等待

最后一个月，情绪胎教的首要任务就是要学会平静地面对即将到来的分娩，不要过分期待，也不要过分焦虑，不要把分娩看作是很困难的事情，这是成为一位母亲必然要接受的历练。在感到焦虑的时候，进行深呼吸，缓慢地呼气、吸气，慢慢地用呼吸帮助自己恢复平静。

3. 胎教故事——成长在爱与智慧的环境中

谁更有力量

一天，太阳和风开始争论，都说自己的力量大，它们一直争执不下，谁都不认输。

这一天，它们又为此争吵起来。为了给这个问题一个明确的答案，最后它们决定，让一名路人来测试它们的力量，就是看谁能脱下那个路人的斗篷。最先脱下者，自然就是胜利者。

风首先开始了。但见狂风骤起，转眼间，山上的树木一棵棵被连根拔起，森林几乎变成了一片废墟。那名路人见狂风大作，急忙跑到山脚下，躲避起来。随后，那斗篷被他更结实地系在了身上。哦，风使出了全力，可一切全是白费。

轮到太阳上场了。在天空，它透过一片云，将异常炽热的光线朝那可怜的路人身上汇聚。哦，那路人简直就要被热融化了。"啊，太热了！热死了！"他痛苦地说，"简直就像是在火炉里，叫人无法忍受！"于是，他不得不脱下了斗篷，跑到大树下去乘凉。

通过这次较量，很显然，太阳最后成为胜利者。

胎 教 心 语

其实太阳和风都有力量，关键是用在对的地方。以后在孩子的成长过程中，准爸爸要学会赞美孩子的长处，不要将自己的孩子和别的孩子做无谓的比较，别人的强项也许是自己的弱项，但自己的强项别人不一定能比得上。

善恶分明的县令

一天，一个农夫去赶集，在路上拾到了 15 张钱钞，回家后，交给了母亲，他母亲很贤良，要他回到集市上等失主，农夫按照母亲的吩咐回去了。

在前面不远处，农夫发现有一个低着头在地上寻找东西的人："老弟，这是你丢的钱吧。"不等那人回答，农夫便将 15 张钱钞全都给了那人。可那个人却说："我丢失的原本是 30 张钱钞，现在才找回来一半。"

农夫觉得那人太不讲理，自己如数将钱归还给他，他不但不谢，反而有诬蔑自己贪了一半的意思。于是二人争吵起来，互相扭着来到县衙的堂上，他们各执一词。

县令听后，心里已有几分底了，他对那领钱人的行为颇为生气。县令派人将农夫的母亲叫来证明农夫说的情况属实。接着，县令让农夫和那个领钱人各自具状。于是他们分别写道："拾钱人的确是拾到 15 张钱钞。""丢钱人确实是丢失 30 张钱钞。"

县令将两张状纸捏在手上，对失主说："你丢的是 30 张钱钞，而他拾到的是 15 张钱钞，可见这钱不是你的钱，而是上天赐给这位贤良母亲的养老钱，你到别的地方去找你的钱吧！"

那人自觉理亏，也不敢再作狡辩，灰溜溜地离开了县衙。于是，县令把 15 张钱钞交给农夫的母亲，说："你是位贤良的母亲，这钱就归你了！"

对县令的处理方式人们都竖起了大拇指。

胎 教 心 语

人们都有善心，对恶人有厌恶之心，对好人有怜悯之心，这是非常朴素自然的感情。胎宝宝也能随着准爸爸的感受体会到这一点，将来他也会成长为一个善恶分明的人。

知识的光亮

晋平公是一代国君，政绩卓越，学识很广。在他 70 岁的时候依然还希望多读点书，多长点知识，总觉得自己所掌握的知识实在是太有限了。可是 70 岁的人再去学习，困难很多，晋平公有点不自信，于是他去询问他的一位贤臣师旷。

师旷是一位双目失明的老人，博学多智。晋平公问师旷说："我已经 70 岁了，可是我还很希望再读些书，又总是没有信心，你觉得是否太晚了呢？"

师旷回答说："您说太晚了，那为什么不把蜡烛点起来呢？"

晋平公不解其意地说："此话怎么讲？"

师旷回答说："我听说，人在少年时代好学，就如同获得了早晨温暖的阳光一样，那太阳越照越亮，时间也久长。人在壮年的时候好学，就好比获得了中午明亮的阳光一样，虽然中午的太阳已走了一半了，可它的力量很强，时间也还有许多。人到老年的时候好学，虽然已日暮，没有了阳光，可他还可以借助蜡烛啊，蜡烛的光亮虽然不怎么明亮，可是只要获得了这点烛光，尽管有限，也总比在黑暗中摸索要好多了吧。"

晋平公恍然大悟，高兴地说："你说得太好了，的确如此！我有信心了。"

是啊，不爱学习的人，即使白天睁着眼，两眼也是一抹黑；只有经常学习，不断增长知识，不论年少年长，学问越多，心里才越亮堂，也才能遇事沉稳，更好地处理和解决事情。

胎 教 心 语

知识可以给人指引前进的方向，准爸爸给胎宝宝讲故事，就是给胎宝宝灌输知识，让胎宝宝以后的人生之路更顺利。活到老学到老，人的一生，都不应该放弃学习。

小熊和红皮鞋

"咯噔，咯噔"，什么声音这么清脆，这么好听。哟，原来是一个穿着红皮鞋的小姑娘在走路啊，她的鞋子好漂亮，红红的，亮亮的。

小熊看见了，小熊好喜欢啊！小熊一直跟在小姑娘后面跑，小姑娘并没发现他，只管"咯噔，咯噔"地走着。不一会儿，走到了一个大水坑边上。小姑娘脱下鞋子，卷起裤管，去抓小虾。

小熊轻轻跑过去，把红皮鞋套在脚上，哈哈，真好看啊！小熊舍不得脱下皮鞋，自言自语说："小姑娘一定是不喜欢这鞋子了，要不，干吗把它扔在地上呢？她不要，我要。"小熊穿着红皮鞋，跑回家去。

一天傍晚，小熊约大家一起去看表演。剧幕拉开了，台上有个小朋友在唱歌，歌声很动听，唱得真好呀！忽然，小熊愣住了，唱歌的小朋友，就是那个穿红皮鞋的小姑娘。可这会儿，她的脚上没穿红皮鞋，穿的是一双很旧很旧的黑皮鞋。小熊看看自己脚上的红皮鞋，脸红了，比红皮鞋还要红。

小熊脱下鞋子，跑上台，把它塞在小姑娘的手里就跑开了。

那天，小姑娘还表演了跳舞，她跳啊跳啊，脚上的红皮鞋一晃一晃，闪着亮光，真是太漂亮了，太好看了！

回家的路上，小熊使劲地踩着地面，"吧嗒，吧嗒"地响着，就像穿着红皮鞋一样的神气。

胎 教 心 语

准爸爸在读这个故事的时候，一定要想，孕妈妈肚子里的是女孩还是男孩呢？如果是女孩，就可以给她穿漂亮的红皮鞋了，看她跳舞，看她"咯噔，咯噔"走路。如果是男孩也没关系哦，让他和一个穿红皮鞋的小女孩做朋友。

三个和尚

从前有座山，山上有座小庙，庙里面有个小和尚。他每天都忙碌着，一个人挑水、念经、敲木鱼，给观音菩萨案桌上的净水瓶添水，夜里赶走老鼠，不让老鼠来偷东西，生活过得很舒服，很安稳自在。

不久，来了个高和尚。他一到庙里，就把半缸水喝光了。小和尚叫他去挑水，高和尚心想一个人去挑水太吃亏了，便要小和尚和他一起去抬水，两个人只能抬一只水桶，而且水桶必须放在扁担的中央，两人才心安理得。这样总算还有水喝。

后来，又来了个胖和尚。他也想喝水，但缸里没水。小和尚和高和尚叫他自己去挑，胖和尚挑来一担水，立刻独自喝光了。

从此谁也不挑水了，三个和尚就没水喝了。大家各念各的经，各敲各的木鱼，观音菩萨面前的净水瓶里的水也没人添，花草都枯萎了。夜里老鼠出来偷东西，三人都视而不见。结果老鼠更加猖獗，打翻烛台，燃起了大火。三个和尚这才不得不一起奋力救火，大火扑灭了，他们也觉醒了。

从此三个和尚齐心协力打水、担水、往缸里注水，水自然就更多了。

胎 教 心 语

这个故事通过三个和尚没水吃的过程，讽刺了那些相互依赖、相互推诿、斤斤计较、唯恐自己吃亏的人。准爸爸讲完这个故事，一定要告诉胎宝宝，只有团结合作、互谅互让、齐心协力、勇于承担责任，把个人的智慧融入集体之中，发挥集体的智慧和力量，才能克服困难，取得成功，才能换来幸福生活。

狼和狗的不同追求

　　一个夜晚，一只狼在月光下四处寻食，它已经几天没吃东西了，非常饥饿，这时，它遇到了皮毛油亮的狗。它们相互问候后，狼说："朋友，去哪里可以找到食物呢？我现在日夜为食物奔波。"

　　狗回答说："你若想像我这样，只要学着我干就行。"

　　"真是这样，"狼急切地问，"什么活儿？"

　　狗回答说："就是给主人看家，夜间防止贼进来。"

　　"什么时候开始干呢？"狼说，"为了有个暖和的屋子住，不挨饿，做什么我都不在乎。"

　　"那好，"狗说，"跟我走吧！"

　　它们俩一起上路，狼突然注意到狗脖子上有一块伤疤，感到十分奇怪，不禁问狗这是怎么回事。

　　"一点点小事，也许是我脖子上拴铁链子的颈圈弄的。"狗轻描淡写地说。

　　"铁链子！"狼惊奇地说，"难道你是说，你不能自由自在地跑来跑去吗？"

　　"不对，也许不能完全随我的心意，"狗说，"白天有时候主人把我拴起来。但我向你保证，在晚上我有绝对的自由；主人把自己盘子中的东西喂给我吃，佣人把残羹剩饭拿给我吃，他们都对我倍加宠爱。"

　　狼听后，鄙视地说道："你……去享用你的美餐吧，我宁可自由自在地挨饿，也不愿套着一条链子过所谓的舒适生活。"

胎 教 心 语

　　不一样的人有不一样的人生追求，对于一条狼来说，自由比安乐更珍贵。准爸爸可以告诉胎宝宝，在任何时候做选择时，都要遵循内心的想法。

鸡蛋的吃法

从前，有一位旅行家在海上遇险了，来到了遥远的岛群中的一座小岛上，同时也把鸡带到了这个小岛上。

很快，新鲜的鸡蛋成了一道最普通、最便宜的菜，不过，所有的鸡蛋都是用白水煮着吃，因为，旅行家没有教给岛上的居民们别的吃法。

不久，岛上的一位居民摊鸡蛋吃，多么美妙的想法！后来，有人做出荷包蛋，又有人想出煎蛋……现在，鸡蛋真走红！一个人又发明出蛋卷。

一年以后，一个人说："你们真无用，我要用西红柿炒鸡蛋。"这道菜也实在妙，厨师们都纷纷这么做。

人们还在不停发明新的花样，连放在卤汁中的蛋品都出现了，到最后，几乎所有的人都成了发明家。

在人们得意地享受自己发明的鸡蛋的做法时，一位慎重的老人语重心长地对他们说："我们扬扬自得也是枉然，同样的都是鸡蛋，即便用了一千种花样做出来，它仍然还是鸡蛋，是该尝试种点别的什么菜了啊。"

胎 教 心 语

　　故事中老人说的话很有深意，同样都是鸡蛋，即便用了一千种花样做出来，它仍然还是鸡蛋。不过，讲胎教故事则不同，胎儿比较喜欢听熟悉的故事，所以不怕重复。

稻粒的故事

据说很久很久以前，稻子是不需要人们亲自到田里种的，也不需要管理、收获，待稻子成熟的时候，它们会按时自己滚进谷仓。直到有一次，一个啥也不干、整天睡大觉的懒汉的出现，打破了这个规律，情况才发生了变化。

那是一个稻子成熟的季节，稻粒滚到懒汉的家门口，请他帮着开一下仓门，尽管稻粒在门口喊了半天，但是懒汉懒得起床，反而不耐烦地大吼："我不开！你们为什么偏偏要在我睡觉的时间来？你们先回去吧，明天中午再来。"

稻粒又等了一阵，仍不见有动静，就说："算了吧，我们再也不来找你了。但是，今后你必须自己播种，亲自伺候秧苗成长，待稻子熟了，你自己动手收割、脱粒。你要是疏忽大意，动物们就来抢着吃。此外，你还必须把我们运到谷仓，要是保管不善，我们还会长出芽来，叫你没法吃。"稻粒说完后，就都各自回到田里了。

从此以后，因为懒汉的懒惰，人们要吃饭就必须按照稻粒所说的那样辛苦地劳作了。

胎 教 心 语

懒汉因为一时懒惰，却要一世辛劳。懒惰可是容易传染的，如果孕妈妈做什么事都懒洋洋的，那胎宝宝也容易变得缺乏思考力及行动力，所以，准爸爸有责任提醒孕妈妈，一起坚持良好的习惯。

塞翁失马

在胡人领地附近，住着一位智慧的老人。他养了许多马，一天马群中忽然有一匹马跑到了胡人的领地，邻居们听到这件事都过来安慰他。可老人却说："丢了一匹马没什么，这说不定是件好事呢。"人们对老人的说法很不理解。

过了几个月，这匹马居然带着胡人的几匹骏马跑回来了。这可是一笔不小的意外之财，人们觉得他太幸运了，都来祝贺他，可是他却忧虑地说："虽然白白得了几匹马，可谁知道这会不会变成一件坏事呢？"人们想这老头怎么老喜欢跟别人唱反调。

胡人的马高大善跑，老人的儿子非常喜欢，经常骑着出去玩。

有一次骑马时，不小心从马上摔了下来，摔折了腿。人们又来安慰老人，老人却说："没什么，腿摔断了却保住了性命，这或许是件好事。"人们想起前两次老人说的话，也有一定道理。

一年后，战争爆发了，胡人大举侵犯边境，青年人都被强征入伍，唯独老人的儿子因为摔断了腿，不能去当兵。

后来，入伍的青年大都战死在沙场，老人的儿子却因未入伍而保全了性命。

胎 教 心 语

这是一个充满中国智慧的故事，告诉我们要用一分为二的方法看待问题。在怀孕过程中，孕妈妈情绪总是容易起落，患得患失，对胎宝宝不利。准爸爸可以用塞翁的思维方式开导孕妈妈，遇到好事不大喜过望，遇到坏事也不悲伤忧惧，总是着眼未来，想必情绪也会变得平静。

防患于未然

有一户人家建了新房子，他请客人们来自己家里玩，有位客人看到主人家的厨房，就对主人说："你家烟囱砌得太直，柴草放得离火太近。你应将烟囱改砌得弯曲一些，柴草也要搬远一些，不然的话，容易发生火灾。"

主人听了，笑了笑，没放在心上，不久也就把这事忘到脑后去了。后来，这户人家果然失了火，左邻右舍立即赶来救火，大家一起奋力扑救，大火终于被扑灭，总算没酿成大祸。

为了酬谢大家的全力救助，主人杀牛备酒，办了酒席。席间，主人热情地请被烧伤的人坐在上席，其余的人也按功劳大小依次入座，唯独没有请那个建议改修烟囱、搬走柴草的人。

大家高高兴兴地吃着喝着，忽然有人提醒主人说："要是当初你听了那位客人的劝告，就不会造成今天的损失了。现在，你论功请客，怎么可以忘了那位事先提醒、劝告你的客人呢？依我看，你应该把那位劝你的客人请来，并请他上坐才对呀！"

主人听了，这才恍然大悟，赶忙把那位客人请来，说了许多感激的话，还请他坐了上席。

事后，主人把烟囱砌成弯曲的，柴草也放到安全的地方去了。

胎 教 心 语

父母是孩子的领路人，可以帮助孩子慢慢适应这个世界。从现在开始，孕妈妈就要做育儿的准备了，无论是孕产育儿知识，还是胎教与早教知识，都要多学习，多实践，充分的准备会令育儿生活更加从容不迫，也能有更多收获的机会。

图书在版编目（CIP）数据

胎教故事枕边书 / 艾贝母婴研究中心编著. -- 成都：四川科学技术出版社，2017.7（2019.5重印）
ISBN 978-7-5364-8743-7

I. ①胎… II. ①艾… III. ①胎教－基本知识 IV.
①G610.8

中国版本图书馆CIP数据核字(2017)第172802号

胎教故事枕边书
TAIJIAO GUSHI ZHENBIANSHU

出 品 人	钱丹凝
编 著 者	艾贝母婴研究中心
责 任 编 辑	吴晓琳　戴　玲
封 面 设 计	高　婷
责 任 出 版	欧晓春
出 版 发 行	四川科学技术出版社
	地址　成都市槐树街2号　邮政编码　610031
	官方微博　http://weibo.com/sckjcbs
	官方微信公众号　sckjcbs
	传真　028-87734035
成 品 尺 寸	195mm×220mm
印 张	10
字 数	210千
印 刷	天津市光明印务有限公司
版次/印次	2017年7月第1版　2019年5月第3次印刷
定 价	34.80元

ISBN 978-7-5364-8743-7
本社发行部邮购组地址　四川省成都市槐树街2号
电话　028-87734035　邮政编码　610031